»Er hat den Krieg zufällig überlebt – als einziger seiner Familie. Dies hat er vor allem einem Warschauer Setzer zu verdanken, der – kaum hatten sie sich 1943 kennengelernt – kurzerhand erklärte: ›Hitler, Europas mächtigster Mann, hat diesen Menschen zum Tode verurteilt, und ich, ein kleiner Buchsetzer aus Warschau, beschließe, daß dieser Mensch leben soll. Wir werden sehen, wer den Zweikampf gewinnen wird.‹« Das Fernsehen hat ihn populär gemacht – der Überlebende des Warschauer Ghettos ist heute ein Medienstar. Die ›Spiegel‹-Redakteure Volker Hage und Mathias Schreiber legen mit diesem Band erstmals ein größeres Porträt vor, das neben einem biographischen Essay zwei Interviews und den einzigen literarischen Text vom »Herrn der Bücher« umfaßt.

Volker Hage, 1949 in Hamburg geboren, ist Redakteur im Kulturressort des ›Spiegel‹. Zuvor arbeitete er – 1975 bis 1986 – im Literaturblatt der ›Frankfurter Allgemeinen Zeitung‹ sowie im ›FAZ-Magazin‹ und war anschließend sechs Jahre leitender Literaturredakteur der ›Zeit‹. Autor und Herausgeber zahlreicher Bücher.

Mathias Schreiber wurde 1943 in Berlin geboren. Von 1969 bis 1981 Redakteur beim ›Kölner Stadt-Anzeiger‹, zuletzt als Leiter des Feuilletons. 1982 bis 1991 Feuilleton-Redakteur der ›Frankfurter Allgemeinen Zeitung‹. Seit Mitte 1991 Kultur-Ressortleiter beim ›Spiegel‹.

Volker Hage
Mathias Schreiber

MARCEL REICH-RANICKI

Ein biographisches Porträt

Deutscher Taschenbuch Verlag

Aktualisierte Ausgabe
Oktober 1997
Deutscher Taschenbuch Verlag GmbH & Co. KG,
München
© 1995 Verlag Kiepenheuer & Witsch, Köln
ISBN 3-462-02365-9
Umschlagkonzept: Balk & Brumshagen
Umschlagfoto: © Monika Zucht / DER SPIEGEL
Gesetzt aus der Garamont Amsterdam (Berthold)
Satz: Kalle Giese Grafik, Overath
Druck und Bindung: C.H. Beck'sche Buchdruckerei,
Nördlingen
Gedruckt auf säurefreiem, chlorfrei gebleichtem Papier
Printed in Germany · ISBN 3-423-12426-1

Inhalt

Vorbemerkung   9

Erster Teil
Biographischer Essay   11

Zweiter Teil
Gespräche mit Marcel Reich-Ranicki   161

Vorbemerkung zu den Interviews   163
I. »Kritiker sind einsam«   165
II. »Es waren harmlose Berichte«   189

Dritter Teil
Marcel Reich-Ranicki:
Eine sehr sentimentale Geschichte   207
Nachbemerkung   223

Anhang

Literaturverzeichnis
I. Verwendete Literatur   227
II. Bibliographie der Arbeiten
Marcel Reich-Ranickis   230

Zeittafel   251

Nachweise und Danksagungen   259

Register   261

*Den biographischen Essay im ersten Teil hat Volker Hage ge-
schrieben, die Interviews sowie Idee und Konzept dieses Buches
stammen von beiden Autoren.*

Vorbemerkung

Marcel Reich-Ranicki ist ein Phänomen. Eigentlich ist er Literaturkritiker. Doch in einer Zeit, da das gedruckte Wort wenig, das gesendete Bild fast alles bedeutet, ist er der Star. Erst das Fernsehen hat ihn prominent gemacht. Und obwohl nicht eben smart zu nennen, tummelt er sich in diesem Medium, als sei er für nichts anderes geboren. Er leugnet nicht, eitel zu sein. Er gilt als der bissigste und schärfste Mann der kritischen Zunft. Mancher versuchte schon, ihn zu imitieren. Das Original schlägt keiner.

Umstritten war Marcel Reich-Ranicki, Jahrgang 1920, schon lange bevor er den Platz beanspruchen konnte, den er heute wie selbstverständlich innehat. Immer wieder wurde ihm prophezeit, daß er mit seinem Latein am Ende sei, aus- und abgeschrieben, ein hoffnungsloser, ein erledigter Fall. Er hat es allen gezeigt. Ob er allerdings mit seinen Auftritten im Fernsehen und mit seinen seltener werdenden Buchkritiken der Literatur, wie er meint, nützt oder ob er ihr schadet – darüber werden die Meinungen wohl auch künftig auseinandergehen. Die Frage, warum das so ist, beschäftigt die Autoren dieses Buches seit vielen Jahren.

Über sein Leben ist manches bekannt. Reich-Ranicki hat bei verschiedenen Gelegenheiten über sich und seine Biographie gesprochen, zuletzt im Herbst 1994 in der eindrucksvollen »Rede über das eigene Land«. In der Sommer-Debatte desselben Jahres über seine frühere

Geheimdiensttätigkeit kamen Einzelheiten ans Licht und zur Sprache, über die er jahrzehntelang geschwiegen hatte. Eine zusammenhängende Darstellung dieses so erstaunlichen wie faszinierenden Lebenslaufs fehlt bisher.

Unser Buch kann nicht mehr sein als ein erster Versuch. Wir waren dabei auf die Mitarbeit des Porträtierten angewiesen, der selbst den Plan hat, eine Autobiographie zu schreiben. Aber nicht nur deshalb ist der Grundton dieser biographischen Nachzeichnung wohlwollend. Alle Einwände, die Marcel Reich-Ranicki provoziert, ändern nichts daran: Er ist der Erste Literaturkritiker des Landes. Inwiefern er es ist und wie er es wurde – auch darum geht es in diesem Buch.

Auf Kritik am Kritiker ist dennoch nicht zu verzichten. Der Schriftsteller Thomas Mann empfand »Kritik ohne Liebe überhaupt nicht als höhere Kritik, aber Liebe ohne Kritik ganz einfach als Simpelei«. Und Reich-Ranicki selbst hat die Latte gelegt, wenn er von einem Biographen Thomas Manns einmal forderte: »Eine Beschreibung seines Lebens kann nur dann nützlich sein und ihre Aufgabe erfüllen, wenn sie aus der direkten oder indirekten Polemik gegen sein Autoporträt hervorgeht.« Das gilt auch hier: Wie der Porträtierte sich selbst gern sehen und wie er gesehen werden möchte, kann nicht der Maßstab der Darstellung sein.

Hamburg, Februar 1995   *Volker Hage / Mathias Schreiber*

Erster Teil

Biographischer Essay

1. Eine Jugend in Deutschland

21. Juli 1958. Auf dem Frankfurter Hauptbahnhof steigt ein Mann mit einer Aktentasche aus dem Zug. Er kommt aus Polen und ist im Besitz einer Fünf-Dollar-Note und eines 90 Tage gültigen polnischen Besuchervisums. In seiner Aktentasche befinden sich Zeitungsausschnitte mit Kritiken in polnischer Sprache – geschrieben unter dem Namen Marceli Ranicki. Der Mann weiß zweierlei: Er will nicht nach Warschau zurückkehren, und er will in der Bundesrepublik nicht nur bleiben, sondern auch schreiben – und zwar über Bücher von Heinrich Böll und Max Frisch, Wolfgang Koeppen und Martin Walser, wie zuletzt in Polen. Das ist sein fester Vorsatz: »Mit der deutschen Literatur der Gegenwart wollte ich mich auch hierzulande beschäftigen.«

Nicht ganz leicht, die Kollegen in der Bundesrepublik davon zu überzeugen, die seinen Namen noch nie gehört haben: Friedrich Sieburg zum Beispiel, den Literaturchef der »Frankfurter Allgemeinen Zeitung«. »Wohl Jude, wie?« fragt der zunächst bei seinem Kollegen Hansjakob Stehle nach, dem Warschau-Korrespondenten des Blattes. Stehle hat den neuen Mitarbeiter empfohlen und ihn erst einmal in seiner Wohnung im Frankfurter Grüneburgweg untergebracht. Na, der Mann scheine immerhin »ein wenig auch von deutscher Literatur zu verstehen«, läßt sich der mächtige Sieburg herab (so bleibt es Stehle in Erinnerung). Bald schon erscheint die erste FAZ-Kritik des Newcomers. Fünfzehn

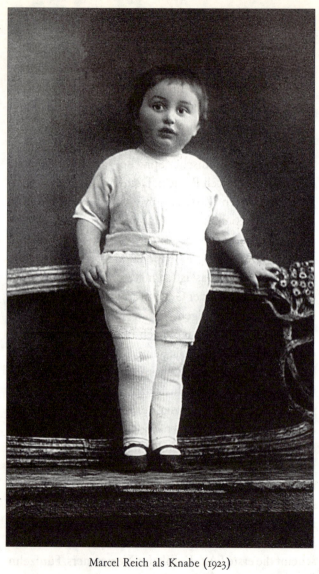
Marcel Reich als Knabe (1923)

Jahre später wird der Mann aus Polen Sieburgs Position einnehmen.

Ein Jude, ja. Marceli Ranicki kommt in jenem Sommer nicht das erste Mal nach Deutschland. Marcel Reich hieß der neunjährige Knabe, der knapp dreißig Jahre zuvor, 1929, in Berlin ein Zuhause fand – ein sehr fragiles, wie sich nur zu bald herausstellte.

In seinem Paß stand: geboren am 2. Juni 1920 in Włocławek, einer polnischen Kleinstadt an der Weichsel. Das jüdische Elternhaus war polnisch-deutsch. Der Vater David Reich, Jahrgang 1880, sprach polnisch, russisch, jiddisch, hebräisch und deutsch; seine Vorfahren waren Kaufleute. Die vier Jahre jüngere Mutter Helene Reich, geborene Auerbach, kam aus Deutschland, aus Preußen, wohin sie sich immer zurücksehnte. Sie sprach nur unbeholfen polnisch. Religion spielte daheim keine Rolle, und Kenntnisse des Judentums verdankte der Sohn nach eigener Auskunft »dem Religionsunterricht in einem preußischen Gymnasium«.

Deutsch war nicht unbedingt das Lieblingsfach des Jungen, jedenfalls nicht von Anfang an. In Polen hatte er, auf Wunsch seiner Mutter, die evangelische Volksschule besucht: Dort wurde deutsch gesprochen. Seine Lehrerin kam aus Deutschland, und noch Jahrzehnte später sollte er sich an ihren Namen erinnern: Laura. Und daran, was sie sagte, als der Kleine, noch vor den Eltern und Geschwistern, nach Berlin reiste, wo er zunächst in der Familie eines Onkels unterkam: »Du fährst, mein Sohn, in das Land der Kultur.« In den ersten Monaten seines Deutschland-Aufenthalts übte die Mutter, die bald nach-

Die Mutter Helene Reich in den zwanziger Jahren

kam, jeden Tag eine halbe Stunde mit ihm das Lesen deutscher Texte. Er langweilte sich furchtbar. »Warte«, sagte seine Mutter, »es wird noch der Tag kommen, da wirst du freiwillig deutsche Bücher lesen!« »Niemals«, gab der Sohn zurück.

Was hier über Kindheit und Jugend zu erzählen ist, verdankt sich Reich-Ranickis autobiographischen Berichten und gezielten Nachfragen bei ihm. Wer aus seinem eigenen (oder über ein fremdes) Leben erzählt, zwingt rückblickend einen roten Faden, eine gewisse Ordnung in die biographische Wirrnis. Jede Lebensgeschichte ist auch Legende – das heißt nicht, daß diese Lesart eines Lebens falsch sein muß. Man hat sich freilich bei jedem biographischen Versuch zu vergegenwärtigen, daß ein Blick auf die eigene (oder eine fremde) Vergangenheit ohne solche Legendenbildung gar nicht möglich ist. Max Frisch, einer der später von Marcel Reich-Ranicki besonders geschätzten Schriftsteller, brachte das einmal auf die Formel: »Geschichten sind Entwürfe in die Vergangenheit zurück, Spiele der Einbildung, die wir als Wirklichkeit ausgeben. Jeder Mensch erfindet sich eine Geschichte, die er dann, oft unter gewaltigen Opfern, für sein Leben hält, oder eine Reihe von Geschichten, die sich mit Ortsnamen und Daten durchaus belegen lassen, so daß an ihrer Wirklichkeit nicht zu zweifeln ist.« Denn: »Anders bekommen wir unsere Erlebnismuster, unsere Ich-Erfahrung nicht in den Griff.«

Reich-Ranickis Lesart des eigenen, an außergewöhnlichen Erlebnissen und Erfahrungen, an Bedrohungen und Erfolgen reichen Lebens lautet: Sein Lebenslauf sei von der Literatur bestimmt gewesen, sie habe ihn begleitet. Und so legt er in seinen Äußerungen über sich selber naturgemäß großes Gewicht auf jene Nahtstellen, wo die Beschäftigung mit Literatur eine Rolle spielt: »Ob ich es wollte oder nicht, wo ich hinkam, war deutsche Literatur« – so schaut er heute auf sein Leben zurück. Das ist sein roter Faden. Wie sich zeigen wird, einer, der mit Ortsnamen und Daten durchaus zu belegen ist.

Der Grund für die Übersiedlung der Familie Reich nach Berlin lag in der ökonomischen Misere: 1929 war das kleine Unternehmen des Vaters, eine Fabrik für Baumaterialien, zusammengebrochen. Für Berlin sprach die Tatsache, daß dort viele Verwandte lebten. Der Vater kam Ende 1930 nach. Man lebte in der Familie des Großvaters mütterlicherseits, weiterhin in bedrängten Verhältnissen. Die Mutter stand dem Jungen näher, doch erinnert er sich nicht an Konflikte mit dem Vater, den er als gütigen Menschen beschreibt. Dem Sohn erschien der Fünfzigjährige damals als »müder alter Mann«.

Der Schüler Marcel, der die Mäntel seines großen Bruders auftragen mußte, besuchte eine Volksschule in Berlin-Charlottenburg, dann das Berliner Werner-Siemens-Gymnasium. Inzwischen sprach er besser deutsch als polnisch. Erdkunde und Mathematik waren seine Stärken, im Rechnen wurde er schnell Klassenbester. Der junge Reich war zwölf Jahre alt, als die Nationalsozialisten ihre zwölfjährige Herrschaft antraten. Zwei Jahre später, 1935, wurde das Gymnasium in Berlin-Schöne-

Klassenfoto aus dem Jahr 1933,
Berliner Werner-Siemens-Gymnasium

berg geschlossen: Es galt den Behörden als zu liberal, wenn nicht gar als »links«.

Fortan besuchte der Schüler das Fichte-Gymnasium in Berlin-Wilmersdorf. Besorgt hatte seine Mutter vorher den Direktor gefragt: »Mein Sohn ist Jude und Pole. Wie wird er in Ihrer Schule behandelt werden?« Sie war beruhigt worden: In einer deutschen, zumal preußischen Schule sei Gerechtigkeit oberstes Gebot, lautete die Antwort des Schulleiters. Als der junge Reich nach den Osterferien 1935 dann die Schule betrat, war dieser Mann freilich vorzeitig in Pension geschickt worden. Dennoch kam es am Fichte-Gymnasium auch in den folgenden Jahren zu keinerlei antisemitischen Aktivitäten. Viele der Schüler waren zwar in der Hitlerjugend. »Aber von keinem habe ich je ein Wort gegen die Juden gehört«, so erinnert sich Reich-Ranicki – allerdings auch daran: »Die Juden waren von den meisten Schulfeiern ausgeschlossen. Sie durften an Schulausflügen nicht teilnehmen. Private Kontakte zwischen jüdischen und nicht-jüdischen Schülern, vordem gang und gäbe, waren etwa ab 1935 kaum noch üblich. Dies alles, so schien es, haben unsere nicht-jüdischen Mitschüler für selbstverständlich gehalten. Jedenfalls habe ich ein Wort der Verwunderung oder gar des Bedauerns nie gehört.«

Die Lehrer blieben freundlich. Auch der neue Direktor. Er diskutierte in der Geschichtsstunde besonders gern mit dem Schüler Marcel – um ihn dann, so Reich-Ranicki, »vom nationalsozialistischen Standpunkt aus um so effektvoller widerlegen zu können«. Einmal wurden die jüdischen Schüler vom Geschichtsunterricht freige-

Marcel Reich mit seinem Vater David Reich in Berlin (1937)

stellt, das »Weltjudentum« stand auf der Tagesordnung. In der Biologiestunde gab es auch »Rassenkunde«, und es wurden die Schädel der Schüler vermessen – nicht gerade mit dem von der Rassenlehre gewünschten Ergebnis: »Es zeigte sich, daß den typisch nordischen Schädel, den in rassischer Hinsicht besten, nur ein einziger Schüler hatte. Es war ein Jude. Der Lehrer schien verlegen, aber nicht unglücklich.«

Deutsch wurde mehr und mehr zum Lieblingsfach des Schülers Marcel Reich. Das lag auch an guten Lehrern. Er war nach eigener Einschätzung kein Musterschüler, doch im Aufsatz erzielte er gegen Ende seiner Schulzeit so gut wie immer ein »Sehr gut«. Mit einem seiner Deutschlehrer hatte er denselben Schulweg. Der Schüler grüßte mit »Heil Hitler«, der Pädagoge sagte »Guten Tag«. Bei diesem Lehrer schrieb der Gymnasiast eines Tages eine Gedicht-Interpretation, bei der er zu spät bemerkte, daß ein Abschnitt in die Irre führte – kurz vor Abgabe strich er die Passage durch und numerierte die anderen Teile des Aufsatzes rasch um. Er erwartete eine Niederlage, doch es gab die gewohnte »Eins«. Begründung des Lehrers: »Erstens wegen des Gedankens in dem gestrichenen Abschnitt und zweitens dafür, daß Sie diesen Gedanken schließlich doch verworfen haben.« Derselbe Lehrer war es auch, der den Jungen einmal beiseite nahm und ihm sagte: »Wenn Sie in Paris Kritiker geworden sind, dann schreiben Sie mir mal eine Postkarte.« Der Mutter riet der Mann, sie solle ihrem Sohn (»Lassen Sie sich von den zeitbedingten Umständen nicht beirren!«) auf jeden Fall das Studium der Germanistik ermöglichen.

Die Mutter in Berlin,
dreißiger Jahre

Klassenfoto aus dem Jahr 1938, Berliner Fichte-Gymnasium

Daraus wurde nichts. Im Frühjahr 1938 konnte Marcel Reich in Berlin noch unbehelligt sein Abitur machen – freilich nur mit der Note »Gut« in Deutsch: Der Direktor hatte sich im letzten Moment doch noch in die mündliche Prüfung eingeschaltet. Zum Studium wurde Reich nicht zugelassen (erst Jahrzehnte später sollte er – 1961 in Göttingen – einen deutschen Hörsaal von innen sehen: als Dozent). Statt dessen fand er Arbeit als Lehrling in einer Exportfirma in Berlin-Charlottenburg. Er war inzwischen ein Büchernarr geworden. Vor allem die »verbotene Literatur« hatte es ihm – schon während der Schulzeit – angetan. Er hat das später so erklärt: »In den Bücherschränken meiner Verwandten standen die Romane und Erzählungen von Thomas und Heinrich Mann, von Arnold und Stefan Zweig, von Schnitzler, Werfel und Feuchtwanger. Bei meinem Schwager fand ich neben allen Büchern von Tucholsky und Kisch auch noch zehn Jahrgänge der ›Weltbühne‹.« Außerdem gab es mehr und mehr Bekannte, die auswanderten und Bücher zurückließen.

Er las auch gern Theatertexte: die Dramen von Kleist, Lessing, Nestroy, »den ganzen Shakespeare«. Ende 1932 hatte die Mutter dem Zwölfjährigen eine Karte für das Schauspielhaus am Gendarmenmarkt geschenkt. Gezeigt wurde Schillers »Wilhelm Tell« – ein nachhallendes Erlebnis. Später verdiente er sich das Geld für die Theaterkarten selbst: zum einen als Babysitter innerhalb der Familie, zum anderen als Bote für einen Onkel, der Patentanwalt war. Juden durften nur noch beschränkt arbeiten, und der Onkel wollte alten Kollegen so wenig wie möglich begegnen. Die große Familie löste sich langsam auf. Drei Cousins wurden nach England zum Studium geschickt – für den Abiturienten Marcel aus finanziellen Gründen undenkbar. Reichs Schwester ging mit ihrem Mann ebenfalls nach England. Bruder, Vater und Mutter kehrten in den Jahren 1937/1938 »ratenweise« nach Warschau zurück: »Es gab keine andere Idee.«

Der junge Marcel Reich blieb vorerst in Berlin. Er ging weiterhin ins Theater – und in die Oper. Sie war seine Leidenschaft geworden, seit seine Schwester ihn, als Dreizehnjährigen, in eine Aufführung von Wagners »Meistersinger von Nürnberg« mitgenommen hatte. Wagner war zwar ein Idol Hitlers, wurde aber auch von Thomas Mann verehrt. Der wiederum hatte jene Formel für die Nationalsozialisten gefunden, die im Frühjahr 1937 auch nach Berlin gedrungen war und mit der sich der Schüler Marcel identifizieren konnte: »Sie haben die unglaubwürdige Kühnheit, sich mit Deutschland zu verwechseln! Wo doch vielleicht der Augenblick nicht fern ist, da dem deutschen Volke das Letzte daran gelegen sein wird, nicht mit ihnen verwechselt zu werden.«

Vorerst war das freilich nur eine Hoffnung. Ende Oktober 1938 klopfte, sehr früh am Morgen, ein Polizist an die Tür von Marcel Reich. Er ließ sich die Papiere des jungen Mannes zeigen, der noch im Bett gelegen hatte, und überreichte ihm ein Dokument: die Ausweisung aus dem Deutschen Reich. »Sofort mitkommen!« lautete die Aufforderung – da half auch der Hinweis des Betroffenen nichts, daß es laut Ausweisungsbescheid eine Einspruchsfrist gebe. Er durfte nur fünf Mark mitnehmen.

Immerhin konnte er noch nach einem Buch greifen, einem Balzac-Roman, den er gerade las: »Die Frau von dreißig Jahren«. Das alles traf ihn völlig unvorbereitet: »Ich hatte Eintrittskarten für die nächste Premiere am Gendarmenmarkt, gegeben wurde der ›Arzt am Scheideweg‹ von Shaw. Die Karten überließ ich der Zimmerwirtin, diese Premiere konnte ich nun nicht mehr sehen. Aber es soll, wie sich später herausstellte, eine sehr schwache Aufführung gewesen sein. Viel ist mir also nicht entgangen. So begann meine Deportation nach Polen.«

Die Eisenbahn brachte ihn – zusammen mit Tausenden anderer Juden aus Berlin – an die polnische Grenze. Er schlug sich nach Warschau durch, zu seiner Familie. Für ihn war das völlig fremdes Terrain: »Ich kannte im Grunde weder Polen noch die polnische Literatur.«

2. Flucht aus dem Ghetto

Schneller als befürchtet kam der Krieg. Und die Eroberung von Warschau durch deutsche Truppen. Marcel Reich war vor der Belagerung der Stadt zusammen mit einigen Familienangehörigen nach Ostpolen geflohen. Nachdem die Stadt eingenommen worden war, kam er zurück. Der »Anblick der völlig zerstörten Stadt« war ihm noch Jahrzehnte später unvergeßlich. Das Ghetto für die jüdischen Bewohner wurde zwar schon 1939 angeordnet, doch erst Ende 1940 realisiert. Schon in der Zwischenzeit waren die Juden »ganz und gar vogelfrei«, wie sich Reich-Ranicki erinnert: »Es war schon für viele Soldaten, zumal jüngere, ein doller Spaß, Juden, auch Jüdinnen natürlich, brutal zu mißhandeln.« Die jüdischen Bewohner mußten nicht – wie in Deutschland – einen gelben Stern tragen, sondern eine weiße Armbinde mit einem Davidstern in blauer Farbe.

Das Ghetto, der »jüdische Wohnbezirk«, von Mauern umgeben: eine tödliche Falle. Etwa 400.000 Menschen lebten hier auf engem Raum, im Norden der Stadt, zunächst vor allem bedroht von Seuchen und vom Hunger – die Krankenhäuser im Ghetto waren überfüllt. Später, von 1942 an, kamen noch Menschen aus anderen Teilen des Landes hinzu. Zeitweise hausten knapp eine halbe Million Juden im Warschauer Ghetto. Schulen waren verboten. Dem Judenrat stand ein altes Auto zur Verfügung, sonst gab es eine Pferdebahn, die den Verkehr aufrecht erhielt. Viele der Ghetto-Bewohner arbeiteten außerhalb der Mauern, sie marschierten früh am Morgen durch einen der wenigen Ausgänge, die dreifach bewacht wurden – von jüdischer, polnischer und deutscher Polizei. Die Kontrollen waren streng, zu schmuggeln war gefährlich, aber für die meisten die einzige Chance, über die kargen Rationen hinaus an Lebensmittel zu gelangen. Reich rasierte sich zweimal am Tag (eine Angewohnheit, die er bis heute beibehalten hat): »Bei den sogenannten Selektionen wurden Menschen, die nachlässig wirkten, eher ausgesondert.«

Es gab kulturelles Leben, vor allem Konzerte. Musik von Haydn und Mozart, Beethoven und Schubert, Dvorak und Tschaikowski wurde gespielt. Bis auch das verboten

wurde. Marcel Reich lernte damals, daß täglich vom Tod Bedrohte der Musik mehr abzugewinnen vermögen als der Dichtung – er schrieb gelegentlich für eine Ghettozeitung Konzertkritiken. »Ich habe mich in dieser Zeit mehr für Musik als für Literatur interessiert«, sagt er. »Romane habe ich damals, soweit ich mich erinnern kann, kaum gelesen, eher schon Lyrik, deutsche und polnische, Goethe und Heine.« Warum keine Romane? »Wahrscheinlich fehlte mir die Geduld. Überdies fällt es schwer, mit der Lektüre eines Romans zu beginnen, wenn es ganz unsicher ist, ob man noch Zeit genug haben werde, bis zum Ende dieses Buches zu kommen.« Einmal fiel ihm ein Exemplar von Erich Kästners »Lyrischer Hausapotheke« in die Hand. Teofila Langnas, Jahrgang 1920, seine spätere Frau, die er in Warschau kennengelernt hatte, schrieb es eigenhändig ab und illustrierte das geliehene Bändchen. (Das Paar verwahrte den Schatz so gut, daß er den Krieg überdauerte – Ende der fünfziger Jahre sollte Kästner das Unikat zu Gesicht bekommen. Der Schriftsteller habe Tränen in den Augen gehabt. Allerlei sei vorstellbar gewesen, soll Kästner gesagt haben, »nicht aber, daß man im Warschauer Ghetto meine Gedichte abschreiben würde«.)
Eines der Musikstücke, das im Ghetto besonders häufig zu hören war, stammte von Beethoven. Es war ein Streichquartett, eines der »Razumowsky«-Quartette, Opus 59, Nr. 3. Die ersten Takte des vierten Satzes (»Allegro molto«) sollten später die Leitmelodie der eigenen Fernsehsendung des Mannes werden, der damals kaum hoffen konnte, jemals aus der Not und Todesbedrohung wieder herauszukommen. Heute sagt er: »Wann immer

Teofila Langnas, die spätere Ehefrau (1940)

ich vor oder nach unserem ›Literarischen Quartett‹ diese Takte von Beethoven höre, denke ich an die Musiker, die diese Fuge im Ghetto gespielt haben. Sie wurden alle vergast.«

Die Deportationen begannen im Juli 1942. Zwischen 6.000 und 7.000 Menschen wurden täglich zusammengetrieben und in die Vernichtungslager transportiert, vor allem nach Treblinka. Reich arbeitete inzwischen als Übersetzer im Judenrat des Ghettos. Er hatte die Korrespondenz mit deutschen Behörden zu bewältigen. Schon bald nach dem Krieg, Ende 1951, stellte der damalige Direktor des Jüdischen Historischen Instituts von Warschau, Bernard Mark, in einem Gutachten für die kommunistische Partei fest: »Belastendes über ihn (Reich) und seine Tätigkeit in dieser Behörde ist uns nicht bekannt.« Reich habe vielmehr die Untergrundorganisation mit Informationen versorgt.

Dennoch war auch ihm lange nicht klar, daß die Deportationen in den Tod führten. Erst als man auf den Gedanken kam, sich die Waggon-Nummern der Güterzüge zu notieren, wurde deutlich, daß Fahrten nicht weit in den Osten gehen konnten. Reich-Ranicki: »Schon die Tatsache, daß Hunderttausende von Menschen dort hingebracht wurden und man nichts von ihnen hörte, daß die Waggons bald wieder da waren, das alles ließ erkennen, daß diese Menschen dort gar nicht leben konnten. Das hatte sich herumgesprochen. Wie die Menschen ermordet wurden, das wußten wir eine ganze Weile nicht. Die Gasgerüchte waren da. Man konnte – und wollte ihnen nicht trauen.«

Marcel Reich (1941): das einzige erhaltene Foto aus dem Warschauer Ghetto

Anfang 1943 lebten nur noch etwa 70.000 Juden im Warschauer Ghetto. Damals begannen die Vorbereitungen für den Aufstand der Verzweifelten. Marcel und Teofila Reich, die seit Juli 1942 verheiratet waren, wagten Anfang Februar die Flucht. Seine Eltern und ihre Mutter waren schon einige Monate zuvor deportiert worden (der Vater der Ehefrau hatte bereits früher Selbstmord begangen). Das Ehepaar Reich war sich darüber im klaren, daß die Rebellion das Ende des Ghettos beschleunigen und den sicheren Tod für alle bedeuten würde. Die Chance, draußen zu überleben, war indes kaum größer – doch es war die einzige Chance. Also bestachen die beiden einen jüdischen Grenzpolizisten, der sie hinausschleuste. »Das Ghetto zu verlassen, war nicht schwer«, berichtete Reich-Ranicki rund vierzig Jahre später erstmals in der ZDF-Fernsehreihe »Zeugen des Jahrhunderts«. Schwer sei es hingegen gewesen, »auch nur einen Tag außerhalb des Ghettos zu überleben«. Nicht nur den geflohenen Juden drohte bei Entdeckung der Tod, sondern auch jenen Polen, die sie verstecken würden.

So hasteten die Reichs von einem provisorischen Versteck zum nächsten, immer wieder Erpressungen ausgesetzt – bis ihnen von dem wenigen Geld, das sie bei sich hatten, nichts geblieben war. Das Geld hatte sich das Ehepaar vorher auf abenteuerliche Weise im Ghetto verdient. Die im Untergrund tätige Jüdische Kampforganisation, kurz: ZOB, machte einen Überfall auf die Kasse des Judenrats. Reich-Ranicki erinnert sich heute so daran (im Jüdischen Historischen Institut existiert auch eine schriftliche Darstellung, die er kurz nach dem

Krieg verfaßt hat): »Das Ganze war ein Einfall von mir. Wir saßen abends zusammen in einem Keller, und ich sagte: ›Es ist ein Skandal, daß der Judenrat immer noch wöchentlich Geld an die Deutschen zahlt. Man sollte einen Überfall auf die Kasse machen!‹ Ein junger Mann, der zur Untergrundbewegung Kontakt hielt, sagte sofort: ›Still! Kein Wort mehr darüber! Ich werde das mit der Organisation besprechen.‹ Wir waren vier oder fünf Personen. Am nächsten Tag kam er und sagte: ›Wir machen die Sache. Aber ihr müßt mithelfen.‹ Meine Aufgabe bestand darin, genau zu erkunden, wo die Kasse stand, wieviel Geld drin war, wann das Geld den Deutschen abgeliefert würde. Kurz davor sollte das stattfinden: Da war am meisten in der Kasse. Eines Nachts hat man dann den Kassierer geweckt und behauptet, die Deutschen seien da und wollten sofort das Geld haben. Er war mißtrauisch, aber kam dann doch mit. Meine Frau und ich haben für die Mithilfe einen bestimmten Betrag bekommen: jeweils vielleicht fünf Prozent der Summe. Das hat uns später geholfen. Wir hatten ja sonst gar nichts. Zwei Wochen später sind wir geflohen.«

Es geschah ein Wunder: Ein polnisches Ehepaar erklärte sich bereit, die beiden bis zum Kriegsende zu verstecken. Der Mann, ein Setzer, sagte stolz: »Hitler, Europas mächtigster Mann, hat diese Menschen zum Tode verurteilt. Und ich, ein kleiner Buchsetzer aus Warschau, beschließe, daß diese Menschen leben sollen. Wir werden sehen, wer den Zweikampf gewinnen wird!« Ein denkwürdiger, nicht nur für die Geretteten unvergeßlicher Satz.

Wie war es dazu gekommen? Der jüngere Bruder des Setzers hatte die beiden Flüchtlinge vorher um das letzte Geld erpreßt – und plötzlich bot er an, für Reich ein sicheres Versteck zu finden. Reichs Frau hatte mit falschen Papieren eine Stelle als Dienstmädchen gefunden. Sie wußte, daß und wo er versteckt war. Wenige Wochen später kam sie nach. Reich-Ranicki erinnert sich noch 50 Jahre später genau: »Meine Frau hat als Dienstmädchen mit falschen, sogenannten arischen Papieren gearbeitet. Als sie glaubte, allein in der Wohnung zu sein, hat sie der Verlockung nicht widerstehen können und sich ans Klavier gesetzt, um ein Stück von Beethoven oder Chopin zu spielen. Das weckte sofort den Verdacht, daß sie kein richtiges Dienstmädchen ist.«

Bei Kerzenlicht unterhielt Reich die mutigen polnischen Gastgeber mit Geschichten. Reich-Ranicki: »Es war keine Beleuchtung da. Stromsperre. Im Winter saß man früh im Dunkeln zusammen, und man mußte sich Geschichten erzählen. Ich bin kein guter Erfinder von Geschichten. Also habe ich nacherzählt: ›Kabale und Liebe‹, ›Romeo und Julia‹, ›Rigoletto‹, habe von den Brüdern Karamasow, von Hamlet erzählt. Alles durcheinander – Romane, Theaterstücke, Opern. Ich habe nie gesagt: Das ist von Shakespeare oder Dostojewski. Mit Hamlet war mir kein großer Erfolg beschieden, mit Romeo und Julia schon eher, besonders aber mit ›Kabale und Liebe‹.«

Reich trug aus dem Gedächtnis vor, was er in der Berliner Zeit im Theater, in der Oper gesehen, was er gelesen hatte. Und er bat seine Gastgeber, ihm deutsche Zeitungen zu besorgen, aus denen er dann übersetzte. Sein Argument dafür, allwöchentlich »Das Reich« lesen zu wollen: darin lasse sich noch am ehesten verfolgen, wie der Krieg verlaufe.

Es dauerte bis zum September 1944, ehe ein Sowjetsoldat an die Tür klopfte und fragte, ob keine Deutschen da seien – 15 Monate lang waren die Versteckten und nun Geretteten ängstlich auf die tödliche Frage eines Soldaten der Wehrmacht gefaßt gewesen, ob keine Juden versteckt seien.

3. Konsul und »Kapitan«

Russen waren die Befreier, und auch das erklärt, warum der junge Mann – er war bei Kriegsende 24 – überzeugter Kommunist wurde und lange bleiben sollte. Das Ehepaar Reich hatte überlebt und wußte: »Wir verdanken unser Leben der sowjetischen Armee.« Enge Verwandte lebten nicht mehr. Seine Eltern und ihre Mutter waren aus dem Warschauer Ghetto nach Treblinka, sein Bruder ins Lager Trwaniki gebracht und ermordet worden. Im Frühjahr 1946 trat Reich der kommunistischen Partei bei.

Da war er längst Mitarbeiter des polnischen Geheimdienstes. Das Ehepaar hatte sich nach der Befreiung freiwillig bei der polnischen Armee gemeldet. Der Kampf gegen Hitlers Truppen ging weiter, und die beiden wollten dabei sein – außerdem gab es eine Uniform, also Kleidung, und nicht zu vergessen: Nahrung. Was aber konnten sie tun? Reich wollte seine Deutschkenntnisse nutzen und schlug vor, die Armee möge ihn für Propagandazwecke einsetzen. Tatsächlich plante die polnische Armee, damals unter sowjetischem Oberbefehl, eine Einheit aufzustellen, die den deutschen Truppen psychologisch Druck machen sollte. Doch dazu kam es nicht. Und so fand sich Reich im Oktober 1944 – zusammen mit seiner Frau – in einem kleinen Ort bei der militärischen Postzensur wieder: Es galt zu überprüfen, was die polnischen Soldaten nach Hause meldeten.

Zuständig war das »Ressort für Öffentliche Sicherheit«, die neue polnische Geheimdienstbehörde, die im Sommer 1944 in Moskau gegründet worden war – die Abteilung Zensur existierte erst seit September. Daß diese Militäreinheit dem Sicherheitsministerium unterstand, erfuhr er bald. Gestört hat ihn die Entdeckung nicht, und die fällige Unterschrift gab er, ohne zu zögern. Er wurde gebraucht, es war immer noch Krieg, und es ging voran. Anfang 1945 wurde er nach Lublin versetzt, ins Hauptamt für Kriegszensur, und schließlich nach Warschau, wo er in der Zentrale für Zensur einen leitenden Posten bekam. Dort arbeitete er bis zum Dezember 1945, zwischendurch hatte er als Leiter einer »Operationsgruppe« in Kattowitz gewirkt und war zum stellvertretenden Abteilungsleiter avanciert.

Er schied Ende 1945 für ein Vierteljahr aus den Diensten der Behörde aus. Im Auftrag eines anderen Ministeriums trat er eine Reise an, von der er lange geträumt hatte: in die Stadt seiner Jugend, ins zerstörte Berlin, zur dortigen polnischen Militärmission. Deren Aufgabe war es, aus Polen während des Krieges abtransportierte Industrie-

Marcel Reich mit Freundin in Berlin (1946)

anlagen und Maschinen aufzuspüren. Doch Reich hatte im Grunde in Berlin nichts zu tun (einige Jahre später schrieb er eine autobiographische Erzählung darüber). Auch vom Geheimdienst kamen keinerlei Anfragen. Also schaute er sich die Stadt an und ging ins Theater. Das war Anfang 1946, einige problemlose Wochen, die der junge Reich genoß.

Was wäre aus ihm geworden, wenn er schon damals in Deutschland geblieben wäre? Er hat sich das selbst gefragt. Hätte ihm damals jemand einen Posten angeboten: »Ich glaube, ich wäre in Berlin geblieben. Und ich kann mir denken, was dann aus mir geworden wäre – gewiß nichts anderes als ein Kritiker, ein Literaturkritiker.« So sieht er es heute. Damals stand vor allem das Theater im Zentrum seines Interesses. »Sollte ich mich schämen, daß ich, als ich vor dem zerstörten Haus am Gendarmenmarkt stand, doch wohl Tränen in den Augen hatte?« Seine Angehörigen waren allesamt vertrieben oder ermordet. »Ich hatte keinerlei Kontakte, ich kannte niemanden in Berlin.« Aber Gefühle der Schadenfreude angesichts der zerstörten Stadt wollten nicht aufkommen. Und er sagt im Rückblick: »Ein wenig fremd ist mir Polen immer geblieben.« Im April, nach gut drei Monaten, war er wieder zurück in Warschau, bei seiner alten Behörde.

Noch einmal kam er im Jahr darauf nach Deutschland. Als Mitglied einer polnischen Kommission bereiste er die drei Westzonen. Auch in Lübeck war er, wo er sich das zerstörte Buddenbrook-Haus ansah. Das blieb vorerst die einzige Reminiszenz an seine alte Leidenschaft, die Literatur. Denn eine neue Aufgabe wartete auf ihn.

Man bereitete ihn, der mittlerweile zum stellvertretenden Leiter einer Abteilung der Auslandsaufklärung aufgerückt war, 1947 in Warschau auf einen Posten im westlichen Ausland vor, einen Doppelposten: Reich sollte in London im polnischen Konsulat arbeiten – sowohl im Auftrag des Auswärtigen Amtes als auch des Geheimdienstes.

London war ein begehrter Posten. Für den Aufsteiger Reich bedeutete das auch eine Anerkennung seiner bisherigen Arbeit (Orden hatte es schon gegeben). Besser hätte es sich für ihn kaum fügen können: In London lebte das einzige überlebende Familienmitglied außer ihm, seine 1938 mit ihrem Mann aus Deutschland geflohene Schwester Gerda Boehm. Reich sollte auf die Doppelaufgabe von beiden Behörden einige Monate vorbereitet werden – doch kaum war er beim Agententraining, wurde er auch schon zum Ausbilder ernannt. Er begann, 27 Jahre alt, seinen Dienst als Vizekonsul im Februar 1948. Später war er Konsul. Und gleichzeitig »Kapitan«, Hauptmann des Geheimdienstes. Er nannte sich nun Marceli Ranicki. Der Familienname Reich schien seinen Vorgesetzten für London nicht recht passend: »Ausgerechnet mit diesem deutschen Namen wollen Sie polnische Pässe unterschreiben? Dann können Sie sich gleich ›Hitler‹ nennen!« Der Begriff »Reich« war auch solchen Polen geläufig, die kein Wort Deutsch sprachen. »Der Name Ranicki ist mir eingefallen, weil ich gerade ein Mädchen kannte, das Ranicka hieß. Ein reiner Zufall.«

Marceli Ranicki lebte gut in London. Er hatte einen »durchaus bequemen diplomatischen Posten«. Er konn-

Ehepaar Ranicki mit Sohn in London (1949)

te reisen, wohin er wollte: nach Italien, nach Frankreich, in die Schweiz. Am 30. Dezember 1948 wurde in London sein Sohn Andrzej (heute: Andrew) geboren. Im ausführlichen Fernsehgespräch mit Joachim Fest hat Reich-Ranicki erstmals auch über diese Zeit Auskunft gegeben (das Gespräch wurde am 14. und 15. Dezember 1982 aufgezeichnet, dann in zwei Teilen am 2. Dezember 1984 und am 22. Januar 1985 in der ZDF-Reihe »Zeugen des Jahrhunderts« gesendet; 1987 erschien es unter dem Titel »Zwischen Diktatur und Literatur« in Buchform). In seiner Londoner Zeit las Ranicki überhaupt so gut wie keine Romane mehr. Sein Interesse galt der Politik, der Mitwirkung an einer vermeintlich »universalen, weltweiten Bewegung, einer Bewegung, von der die Erlösung der Menschheit hätte kommen sollen«. Die Literatur schien ihm ein abgeschlossenes Kapitel seines Lebens zu sein. Was hatte sie verhindert? Weder den Weltkrieg noch den Mord an den Juden. »Sie hatte also, meinte ich, versagt, und ganz besonders hatte jene Literatur versagt, die mir am meisten bedeutete, die ich am meisten liebte: die deutsche.«

Das polnische Konsulat in London hatte unter anderem die Aufgabe, der kommunistischen Regierung daheim Auskunft über die Situation und Einstellung der zahllosen dort lebenden polnischen Emigranten zu geben (in London war während des Krieges der Sitz der polnischen – nichtkommunistischen – Exilregierung gewesen). Ranicki sammelte und bündelte die Berichte, die ihm seine Mitarbeiter zuspielten. Von den 40 Angestellten waren zwar nur vier für den Geheimdienst tätig, doch darüber hinaus gab es eine ganze Reihe von Zuträgern und Informanten. Reich-Ranicki erinnert sich an 10 bis 15 solcher Mitarbeiter, die »für ein jämmerliches Honorar« von Versammlungen der Emigranten berichteten. »Es ging darum, die politischen Stimmungen und Strömungen innerhalb der polnischen Emigranten zu beobachten und darüber zu referieren.«

Privat unterhielt er keine Kontakte zu den Emigrantenkreisen, die antikommunistisch eingestellt waren. »Ich war aber ein, zwei Mal in einem bekannten polnischen Emigrantenrestaurant in London, dem ›Weißen Adler‹. Das Essen war dort hervorragend, aber ich fühlte mich nicht sehr wohl, denn ich hatte Angst, daß mich jemand auffordern würde, das Lokal zu verlassen.« Reich-Ranicki hat energisch bestritten, an den berüchtigten »Rückführaktionen« nach Polen beteiligt gewesen zu sein. Mit dem polnischen Militärnachrichtendienst in London habe er nichts zu tun gehabt: »Kontakte waren nicht üblich. Wir gehörten zum politischen Auslandsnachrichtendienst.«

In Polen entwickelte sich der Stalinismus nicht sofort nach 1945, sondern erst etwa drei, vier Jahre später. Bis dahin war der kommunistische Staat »relativ liberal«, so Reich-Ranicki. Auch der spätere Nobelpreisträger Czeslaw Milosz und der Aphoristiker Stanislaw Jerzy Lec arbeiteten in diesen Jahren in polnisch diplomatischen Diensten, der eine in Paris, der andere in Wien. Dann aber kamen aus Osteuropa immer häufiger irritierende Meldungen. Die politischen Prozesse begannen – in Budapest der Rajk-Prozeß, in Sofia der Kostow-Prozeß.

Reich-Ranicki: »Über diese Prozesse sprach man unter Politikern und Journalisten in London mit Entsetzen. Man sah darin einen Neuaufguß der Moskauer Prozesse der späten dreißiger Jahre, und die Parallele war, was die Methoden betrifft, weiß Gott berechtigt.« Ein Detail mußte den Konsul besonders beunruhigen: Der ungarische Minister Rajk, der in Budapest vor Gericht gestellt wurde, hieß eigentlich Reich – wie er selbst. Und die stalinistische Presse ging dazu über, den jüdischen Namen in Klammern hinzuzusetzen. Das wiederum machte eine besondere Qualität der politischen Schauprozesse deutlich. »Es waren eindeutig antisemitische Prozesse«, erkannte Ranicki schon damals. »Das alles hat mich tief erschreckt und tief beeindruckt.«

So kam es schließlich dazu, daß er 1949 um seine Demission bat. Ende des Jahres wurde er samt Familie nach Polen abberufen. Er zögerte damals, wie er dem Interviewer Fest und auch später immer wieder erklärt hat, keine Minute, dem Folge zu leisten. Dabei hätte er – mit Familie – leicht im Westen bleiben können: Man hatte gegen ihn kein Pfand in der Hand. Das preußische Gymnasium jedoch habe ihn gelehrt, so Reich-Ranicki, daß man niemals Verrat üben dürfe. »Ich hielt es für meine selbstverständliche Pflicht, zur Basis zurückzukehren – und die Basis, das war damals Warschau. Dann würde sich alles andere schon finden. Verräter sein, im Ausland bleiben, das wollte ich nicht.«

Es kam wohl noch eines hinzu: Nach Einschätzung von Kennern der damaligen Situation hätte Hauptmann Ranicki darauf gefaßt sein müssen, als flüchtiger Geheim-

Ehepaar Ranicki auf Urlaubsreise (1949)

dienstmann von den Polen verfolgt und vielleicht sogar umgebracht zu werden. Die Rückkehr jedenfalls geschah in drei Etappen, so erinnert sich Reich-Ranicki heute. Im Sommer 1949 war er mit seiner Frau in Polen auf Urlaub (der kleine Sohn war in London geblieben) und machte dabei auch in Warschau Station. Er bat um eine Unterredung. Eine Angehörige der Botschaft, Paula Born, mit der das Ehepaar Ranicki befreundet war und die mit in den Urlaub kommen sollte, war verschwunden. »Wir hatten panische Angst. Uns war klar: sie ist verhaftet worden.« Er befürchtete nun, daß auch seine Zeit in London bald abgelaufen sein könnte. Er fragte bei einem Besuch in Warschau vorsichtig nach, ob seine Tätigkeit in London noch erwünscht sei. Man werde ihm innerhalb der nächsten Wochen Bescheid geben, war die Antwort. So fuhr er vorerst wieder nach England. Im Oktober war er erneut in Warschau. Übrigens kam er mit dem Flugzeug, nach seiner Auskunft ging das so vonstatten: »Britische Militärmaschinen beflogen die Strecke London-Berlin-Warschau. Sie nahmen, das war Voraussetzung für die Landeerlaubnis in Polen, regelmäßig Leute vom polnischen Außenministerium als Passagiere mit.« Genaueres weiß er über die Warschau-Reise im Oktober heute nicht mehr: »Da wurde ich wohl zu einem Gespräch gerufen.«

Jedenfalls kam er beim nächsten Mal schon mit Sack und Pack: per Bahn über Prag. Das war Anfang November 1949. Seine Frau und das Kind flogen hinterher. Das Ende seiner Doppelkarriere war gekommen: »Es war vollkommen unsicher, was aus mir werden würde.« Er wurde verhaftet und für zwei Wochen in eine Einzelzelle gesteckt – brutal verhört oder gar gefoltert wurde er nicht; auch nicht verurteilt. Dem polnischen Journalisten Janusz Tycner, der im Sommer 1994 Einsicht in Warschauer Partei-Archive nahm, stellt sich Ranickis Gefängnishaft so dar: Sie sei eine Art Disziplinarstrafe gewesen, wie sie damals im Sicherheitsministerium selbst für Büroangehörige nicht unüblich war. Ranicki hatte sich demnach in Warschau aufsässig aufgeführt. Anlaß für Tycners Vermutung ist eine Notiz, die der damalige Abteilungsleiter Ranickis noch im November 1949 verfaßt haben soll. Darin heißt es über den Ex-Konsul: »Er bewies große Charakterstärke, indem er sich mehrmals zum Verbüßen der Arreststrafe meldete, obwohl er dazu überredet wurde, um ihre Tilgung nachzusuchen.« Und so sei Ranicki dann zur Haft angetreten, so Tycner, »mit Büchern gut versorgt«.

Reich-Ranicki kann sich an solchen Heldenmut nicht erinnern. Er sei damals sehr verunsichert gewesen. »Da werde ich mich doch nicht groß aufspielen. Das wäre doch idiotisch!« Er hätte sofort um Haftverschonung gebeten, wenn er sich eine Chance ausgerechnet hätte: »Von heldenhaft kann keine Rede sein, das mit den Büchern stimmt auch nicht.« Vielmehr habe er, als er schon einsaß, gefragt, ob seine Frau ihm ein Buch schicken dürfe. Er wollte den Roman »Das siebte Kreuz« von Anna Seghers lesen. Er durfte. »Das Problem war nur die Lampe. In der Zelle gab es nur eine ganz kleine Birne, oben an der Decke. Und es hat mich viel Mühe gekostet, eine bessere Glühbirne zu bekommen.« Nein, er sei nicht verhaftet worden, weil er zu aufmüpfig war. Er kann sich nur daran erinnern, seine Chefs mit einer Bemerkung verärgert zu haben. Die Leute wollten wissen, wie stark die englische Abwehr am polnischen Geheimdienst interessiert sei. »Überhaupt nicht«, will Reich-Ranicki damals arglos geantwortet haben, »nur am sowjetischen.« Das hätten die Gesprächspartner nicht gern gehört.

Einen Anlaß, der die Maschinerie des Argwohns in Gang setzte, hatte Ranicki noch in London geliefert. Der Mann seiner Schwester, seit vielen Jahren überzeugter Kommunist, wollte Geschäfte mit Polen machen. Als er 1949 zum dritten Mal nach Polen reisen wollte, eingeladen vom Außenministerium, gab ihm Ranicki ohne viel bürokratischen Aufwand und ohne Rücksprache mit Warschau erneut ein Einreisevisum. »Dazu war ich berechtigt«, sagt er. »Aber man hat mir einen Strick daraus gedreht. Es ist mir gesagt worden: ›Sie hätten sich doch denken können, daß Sie von Ihrem Recht nicht gerade im Fall eines Verwandten Gebrauch machen durften‹.«

Ihm war nun endgültig klar: die Karriere sowohl im Auswärtigen Amt als auch beim Geheimdienst war vorbei. Im Januar 1950 wurde er offiziell aus den Diensten des Ministeriums für Staatssicherheit entlassen, im März darauf dann auch aus der Partei ausgeschlossen – wegen »ideologischer Entfremdung«. Für ihn war das noch lange Zeit danach unbegreiflich – aber er ahnte wohl, daß er glimpflich davongekommen war. Paula Born, die Kollegin aus der Botschaft, blieb viele Jahre im Gefängnis. Im übrigen wurde für Ranicki gesorgt: Man fragte ihn, wo er am liebsten arbeiten würde. Es war üblich, daß man sich ehemalige Parteimitglieder nicht zu Feinden machte und sie nicht verhungern ließ. Ranicki äußerte den Wunsch, in einem polnischen Verlag zu arbeiten, der deutsche Literatur publiziert. »Da war man sehr verblüfft. Einen solchen Wunsch hatte noch nie jemand geäußert.«

4. Aus der Frühzeit eines Kritikers

Marceli Ranicki wurde dem Verlag M.O.N. in Warschau zugewiesen, dem staatlichen Militärverlag, der auch Belletristik veröffentlichte. Dort war es seine Aufgabe, deutsche Literatur zu edieren – die dank der Gründung der DDR in Polen nicht länger tabu war. Er gab Bücher von Willi Bredel, Bodo Uhse und Egon Erwin Kisch heraus. Er hatte wenig Vorkenntnisse. »Ich wußte von deutscher Literatur soviel, wie ich im Gymnasium in Berlin gelernt hatte oder jetzt durch Bücher aus der DDR erfuhr.« Wacker verfaßte er Vor- und Nachworte, und später begann er auch damit, für Zeitungen zu schreiben – über deutsche Literatur der Gegenwart, soweit sie in polnischer Übersetzung vorlag: Das war zunächst ausschließlich jene aus der DDR. Die erste Kritik erschien am 15. Juli 1951 in der »Nowa Kultura«, ein Artikel über Willi Bredels Erzählung »Der Sonderführer«.

Eine Kollegin im Verlag, die Jugendbuchlektorin, wurde für ihn sehr wichtig (sie war eigentlich Psychoanalytikerin, konnte diesen Beruf aber nicht ausüben): Sie las und korrigierte seine Manuskripte. Ranicki war nämlich beim Schreiben auf Polnisch zunächst noch unsicher. »Das war für mich eine Fremdsprache, die ich erlernt hatte. Ich habe zwar fließend polnisch gesprochen, aber beim Schreiben hatte ich mitunter keine hinreichende Abwehr gegen Klischeeformulierungen. Wenn man eine Sprache nicht gut beherrscht, greift man schneller zu solchen sprachlichen Formeln – und die waren natürlich damals vor allem vulgärmarxistischer Natur.« Auch daraus mögen sich manche der Unbeholfenheiten und ideologischen Plumpheiten erklären lassen, zumindest in der ersten Zeit.

Für M.O.N. arbeitete Ranicki von Februar 1950 bis November 1951. Dann kündigte er. Er hatte ein verlockendes Angebot von einem anderen Verlag in der Tasche, dem literarisch ambitionierteren Czytelnik-Verlag. In den polnischen Archiven liegt heute noch eine Beurteilung der Arbeit beim Militärverlag, im März 1952 von einem Vorgesetzten verfaßt. »Bürger Ranicki« (Bürger waren alle, die nicht als Genossen galten) sei ein Mensch auf hohem intellektuellem Niveau und sehr nützlich im Lektorat gewesen. »Bei all seiner Begabung und Qualifikation könnte er ein wertvoller Mitarbeiter sein, wenn er nicht mangelnde Disziplin und Faulheit zeigen würde.« Dazu Reich-Ranicki heute: »Mangelnde Disziplin, das heißt: Er vertrat eigene Ansichten. Faulheit? Das ist eine Unverschämtheit, eine Gemeinheit. Im kommunistischen Polen war das allerdings kein so schlimmer Vorwurf.«

Die neue Anstellung kam nicht zustande, sie scheiterte am Einspruch des Zentralkomitees. So mußte Ranicki

Marceli Ranicki mit Sohn an der Ostsee (1952)

plötzlich vom Schreiben leben. »Da ich schon Kritiken geschrieben hatte, war meine Situation so tragisch nicht.« Schwierig wurde sie erst später, als die politischen Verhältnisse sich zuspitzten. Etwa im März 1953 wurde gegen den Autor ein Publikationsverbot erlassen, was er nur indirekt erfuhr: Es wurde nichts mehr von ihm gedruckt. Eine mutige Redakteurin sagte ihm irgendwann heimlich die Wahrheit. Er versuchte sich zu beschweren – doch wo? Keiner wollte für ihn zuständig sein. Mit Interviews für den deutschsprachigen Sender des polnischen Rundfunks verdiente Ranicki einiges, und er konnte sich so (zusammen mit seiner Frau, die fest beim Funk angestellt war) über Wasser halten. Im Herbst 1954 wurde das Verbot wieder aufgehoben. Nicht zuletzt dieses Erlebnis der Publikationssperre dürfte Ranicki bewogen haben, sich bis etwa 1956, bis zur zweiten Gomulka-Ära, als Kommunist von der besten Seite zu zeigen.

So unternahm er auch Vorstöße, um wieder in den Schoß der Partei zurückkehren zu dürfen. Im September 1953, noch während der Publikationssperre, fragte er an: »Legt meine literarische Arbeit der letzten Jahre nicht Zeugnis meiner ideologischen Einstellung ab? Zeugen etwa meine Kritiken, die zwischen 1951 und 1953 in den seriösesten polnischen Zeitschriften gedruckt wurden, meine Einleitungen, Nachworte, Vorträge usw. von meiner ideologischen Fremdheit?« Er könne nicht begreifen, schrieb er in einem Brief an die Parteikontrollkommission, warum man ihm keine Möglichkeit gebe, in die Partei zurückzukehren. Heute erklärt er das so: »Ich

Ehepaar Ranicki in Zakopane (1952)

mußte so tun, als wäre ich unglücklich, daß man mich aus der Partei rausgeschmissen hat – wenn ich weiter als Literat tätig sein wollte. Ich habe pro forma ein Gesuch eingereicht, es gab nicht einmal eine Antwort.« Es blieb wohl nicht bei dem einen Gesuch. (Daß sich karrierebewußte Zeitgenossen auch bei uns gelegentlich das richtige Parteibuch zulegen, darf man in diesem Zusammenhang durchaus im Auge behalten – derlei gibt es nicht nur in totalitären Staaten.)

Eine 1991 in Polen entstandene Magisterarbeit über die polnischen Kritikerjahre Ranickis (Autorin: Agnieszka Grabowska) zählt und registriert mehr als 150 Aufsätze, Artikel, Vor- und Nachworte, die er zwischen 1951 und 1958 veröffentlicht hat; in den Jahren 1953 und 1954 sind es nur jeweils vier Publikationen. Hinzu kommen zwei Bücher: ein Abriß der deutschen Literatur (1955) und eine Monographie über Anna Seghers (1957). Alles in polnischer Sprache.

Ranicki war immer noch Kommunist – und ein haarsträubend dogmatischer Kritiker. Verschwiegen hat er diese Arbeiten aus seiner Frühzeit nie. Aber er sprach und spricht nicht gerade gern und ohne Not darüber. Das waren damals, bis Mitte der fünfziger Jahre, positive Kategorien bei Ranicki: revolutionär, fortschrittlich, humanistisch, realistisch, sozialkritisch – so resümiert es die polnische Magisterarbeit und stellt schon für diese Anfangsphase dem Kritiker das Zeugnis aus: »Er verstand sich als der, der den Leser zum Weg führt, dem der Leser vertrauen und auf dessen Geschmack er sich verlassen soll.«

Auf diese Weise brachte er dem polnischen Publikum vor allem die Autoren der DDR nah: Johannes R. Becher, Brecht, Willi Bredel, Hans Marchwitza, Anna Seghers, Bodo Uhse, Erich Weinert und andere. Auf die junge DDR ließ Ranicki nichts kommen. Und stolz teilte er 1952 (in der Zeitschrift »Blick nach Polen«) den Bürgern dieses Staates mit: »Die polnischen Leser greifen mit besonderer Vorliebe zu denjenigen deutschen Büchern, die sie bekannt machen mit der Geschichte der deutschen Arbeiterbewegung, mit dem Kampf deutscher Antifaschisten im Staate Hitlers, mit dem Kampf des fortschrittlichen Deutschlands um Einheit und Frieden.« Daß andere deutsche Bücher gar nicht zu erhalten waren, sagte er nicht.

Andere kannte der Kritiker damals auch selbst kaum. Die in der Bundesrepublik entstehende deutsche Literatur war zunächst in Polen nicht zugänglich. Im übrigen konnte Ranicki sich bei seiner DDR-Sympathie in guter Gesellschaft fühlen. Bedeutende Schriftsteller wie Brecht, Anna Seghers oder Arnold Zweig hatten sich ja, nach ihrem Exil, für die DDR entschieden, lebten und arbeiteten dort. »Natürlich stand mir damals der ostdeutsche Staat näher als der westdeutsche«, hat Reich-Ranicki vierzig Jahre später bekräftigt. »Jawohl, es gab damals zwei junge deutsche Staaten. An der Spitze des einen stand Konrad Adenauer mit seinem Gehilfen, dem Kommentator der Nürnberger Rassengesetze, Hans Globke. In der Bundesrepublik wurde damals ein Ernst Jünger gefeiert, aber für Alfred Döblin war kein Platz. An der Spitze des anderen deutschen Staates standen ehemalige Emigranten und ehemalige Häftlinge aus den Konzentrationslagern, und die Schriftsteller, die etwas galten, hießen Bertolt Brecht, Arnold Zweig und Anna Seghers.«

Ranickis erstes Buch mit dem Titel »Z dziejów literatury niemieckiej 1871-1954« (Aus der Geschichte der deutschen Literatur 1871-1954) erschien 1955 in einem staatlichen populärwissenschaftlichen Verlag, dem Verlag der Volkshochschulen. Das Manuskript war weitgehend schon 1953 geschrieben worden. Man spürt – besonders in der zweiten Hälfte – deutlich Ranickis Bemühen, sich nun, nach Aufhebung des Publikationsverbots, als mustergültiger marxistischer Theoretiker zu erweisen. Das Buch sei für Leser bestimmt, so das Vorwort, die die fortschrittliche deutsche Literatur näher kennenlernen möchten. Die Darstellung beschränke sich auf jene deutschen Autoren, von denen es nach 1945 polnische Übersetzungen gab. Die Sache war einfach: »In der Ostzone kamen fortschrittliche und demokratische Kräfte des deutschen Volkes an die Macht. In den westlichen Zonen sind reaktionäre und faschistische Elemente an der Macht geblieben.« Die Bundesrepublik, das Adenauer-Regime, stellte sich dem Autor als Polizeistaat dar. Seine Überzeugung: Die Literatur in Westdeutschland sei in der überwiegenden Mehrheit eine direkte Fortsetzung der faschistischen Literatur, und wenn nicht das, dann doch pessimistisch und nihilistisch – entstanden unter dem Einfluß dekadenter und verderblich bourgeoiser Vorbilder, vor allem amerikanischer.

Ranickis Buch verfolgt unter diesen Prämissen die deutsche Literatur über einen Zeitraum von mehr als 80 Jah-

Marceli Ranicki in seinem Warschauer Arbeitszimmer (1955)

ren. Die vier Kapitel ordnen sich so: 1. Literatur zur Zeit des Kaiserreichs, 2. in den Jahren der Weimarer Republik, 3. zur Hitlerzeit und 4. im »neuen Deutschland«. Noch einigermaßen gnädig geht der Autor im ersten Teil mit den Künstlern um. Bei Theodor Fontane und Gerhart Hauptmann lobt er sogar ganz ungeniert. Es genügt ihm, wenn ein Schriftsteller in jener Epoche die Realität kritisch in Roman und Drama darzustellen vermag – den richtigen Klassenstandpunkt fordert der marxistische Kritiker noch nicht ein. Das gilt ebenso für zwei Brüder, denen es nach Ranickis Meinung gegeben war, ein Spiegelbild der Epoche zu schaffen: Heinrich und Thomas Mann.

Das Vergnügen an einem Roman wie »Buddenbrooks« war bei Ranicki schon damals ganz ungebrochen. Und er vermochte das auch zu begründen: Thomas Mann beweise dermaßen viel Intuition und Beobachtungsgabe, daß sein Mangel an historischen Kenntnissen zu entschuldigen sei. Nur die Figur des kleinen Hanno mit Zügen fast pathologischer Empfindsamkeit schwäche die sozialkritische Aussage des letzten Romanteils doch ab. Als Fazit aber zählt für Ranicki, daß die Romanfiguren – und nicht nur die Hauptpersonen, wie eigens betont wird – in der Erinnerung des Lesers bleiben würden. Und am liebsten möchte Ranicki noch endlos weiterschwärmen, doch er ermahnt sich selbst: Er müsse noch von anderen Meisterwerken erzählen. Und es folgt sogleich eine kaum minder begeisterte Darstellung von Heinrich Manns Roman »Der Untertan«.

Im Kapitel über die Weimarer Republik tauchen erstmals all die Namen auf, die auch den weiteren Fortgang dieser Literaturgeschichte bestimmen werden: Johannes R. Becher, Willi Bredel, Bertolt Brecht, Hans Marchwitza, Anna Seghers, Erich Weinert, Arnold Zweig – Autoren, die später in der DDR eine Rolle spielen sollten. Becher, der DDR-Kultusminister, wird wegen seiner frühen Gedichte getadelt: Sie seien Ausdruck ungebremster Ekstase, geschrieben in einer Sprache, die nicht auf Grammatik achte und die Syntax sprenge (gemeint sind Bechers expressionistische Verse). Und auch bei Brecht meint Ranicki beobachtet zu haben, daß dessen Poesie erst nach dem Studium des Marxismus-Leninismus an Klarheit gewinnt.

Über Kafka (dessen Bücher in Polen nach 1945 nicht erhältlich waren) kein Wort. Andere Schriftsteller der Epoche, Rainer Maria Rilke etwa oder Kurt Tucholsky, werden von Ranicki immerhin erwähnt, wobei der empfindsame Lyriker (von dem auch kein Buch zu haben war) als großes poetisches Talent anerkannt wird, dessen Gedichte eine besonders schöne Sprache und meisterhafte Beherrschung der Form aufweisen. Freilich: Rilkes Kunst spiele eine rückschrittliche Rolle. Sie lenke nämlich die Aufmerksamkeit der Leser vom Kampf ab und verbreite – ganz im Sinne der herrschenden Klasse – Pessimismus. Bei Tucholsky wird der Haß auf den Faschismus anerkannt und die hervorragenden Satiren gerühmt – leider aber habe der Mann das Wesen der Sowjetunion nicht begreifen können. Pech gehabt. Ähnlich wird der Romancier Jakob Wassermann eingeschätzt und abgetan: begabt, doch unfähig, etwas zum Kampf der Epoche beizutragen. Ganz übel der

ebenfalls erfolgreiche Stefan Zweig: Der habe im Elfenbeinturm gelebt und geschrieben und so die wichtigsten Probleme nicht verstehen können. In keinem
seiner Bücher – mit Ausnahme der Balzac-Biographie –
finde sich ein Bild der Welt, das sich wenigstens ein
bißchen der Wahrheit nähere. Einen schädlichen Einfluß auf die Leser befürchtet Ranicki auch bei pazifi-
stischen Werken, allen voran Erich Maria Remarques
Bestseller »Im Westen nichts Neues«. Zwar erwecke
der Romancier Abscheu vor dem Krieg, doch gebe es
in dem Buch keine Analyse, weil Remarque nicht verstanden habe, warum Kriege entstehen und wer dafür
verantwortlich sei.

Soweit alles unter ideologischer Kontrolle. Was aber ist
mit Thomas Mann? Wie kann Ranicki es rechtfertigen,
daß ihm auch dessen Roman »Der Zauberberg« ausneh-
mend gut gefällt? Ganz einfach: Der Autor wird zu
einem der größten Meister deutscher Sprache überhaupt
erklärt. Und auch in diesem Werk sei er ein Stilist mit un-
begrenzten Möglichkeiten und ein großer Realist dazu.
Immerhin eine Einschränkung: »Der Zauberberg« leide
an einer Tendenz zur Darstellung pathologischer Er-
scheinungen. Der irrende Thomas Mann habe wohl, so
wird das entschuldigt, unter Freuds Einfluß gestanden
und sich dem Theoretiker der Psychoanalyse für kurze
Zeit kritiklos hingegeben.

Es folgt das Kapitel über die Hitlerzeit. Und wieder eine
Vorentscheidung, die die Auswahl einschränkt: Als deutsche Literatur zwischen 1933 und 1945 wird ausschließlich die im Exil geschriebene betrachtet. Romane von

Willi Bredel also, von Heinrich und Thomas Mann, Hans Marchwitza, Anna Seghers und Arnold Zweig werden vorgestellt, außerdem Gedichte von Becher (der im Exil angeblich den Weg zum vollen und reifen Realismus in der Poesie findet) und Erich Weinert. Eine Rüge muß Brecht einstecken: Zwar zeige seine Lyrik ideologische Reife, doch habe er sich zu dieser Zeit noch nicht ganz von den Einflüssen bourgeoisen Denkens befreien können.

Selbst Anna Seghers vermag den Literaturhistoriker Ranicki zunächst nicht zufriedenzustellen: Bei ihrem Roman »Der Weg durch den Februar« (1935) vermißt er die durchgehende Handlung. Es gebe nur locker miteinander verbundene Szenen: Eine unklare und undurchsichtige Komposition sei das (dieses Argument wird später noch oft von ihm zu hören sein). Erst »Das siebte Kreuz« (1942) läßt ihn alle Zweifel überwinden: Mit diesem Roman habe die Autorin die Tür zur großen Kunst aufgestoßen. Hier endlich kann Ranicki auch die Botschaft rühmen. Das Werk der Seghers stelle vorbildlich die fortschrittlichen Kräfte im Nazi-Deutschland dar: die kommunistische Untergrundbewegung. Gestützt auf die Maximen des Marxismus-Leninismus vermöge die Autorin auch in den trübsten Stunden der Geschichte noch die wenigen Lichter zu erkennen – jene Lichter, die schon die neue Ära in Deutschland ankündigen würden.

Dieser »neuen Ära« gilt dann das letzte der vier Kapitel. Die deutsche Nachkriegsliteratur ist hier mit wenigen Ausnahmen (etwa Thomas Manns Roman »Doktor Faustus«) ausschließlich jene aus der Ostzone und späteren DDR. Unübersehbar wird gegen Schluß die Unsicherheit des Literaturhistorikers, der nun immer mehr in die Rolle des Literaturkritikers zu schlüpfen hat. Sein Urteil ist schwankend, seine Einwände werden zunehmend dürftiger und ideologischer. Vieles von dem, was aus der DDR kam, schien ihm nicht zu gefallen, aber er konnte es noch nicht ohne Umschweife sagen. Er nahm Zuflucht zur offiziellen Doktrin.

Noch einmal Anna Seghers: Ihr umfangreicher Roman »Die Toten bleiben jung« (1949), im Exil verfaßt, enthülle einerseits die Rolle des deutschen Kapitals bei der Wegbereitung des Faschismus, andrerseits fehle in der Schilderung des Arbeitermilieus wiederum das historische Element, was das ganze Bild verzerre. Willi Bredels Roman »Die Enkel« (1953) wecke zwar Sympathie mit der Hauptfigur, aber deren Schicksal berühre den Leser nicht. Die Mängel des Buches werden von Ranicki keineswegs übersehen, gleichzeitig versucht er dann wieder, es als Pionierversuch zu retten. Nicht anders bei Bodo Uhse: Dessen Roman »Die Patrioten« (1954) sei ein großer Schritt voran auf des Autors schöpferischem Weg und in der sozialen Realität verwurzelt, doch müsse man zugeben, daß es Uhses Helden ein bißchen an Herzlichkeit und Wärme fehlt. Und schließlich ein Roman, der in der DDR spielt und einen heldenhaften Arbeitseinsatz schildert: »Menschen an unserer Seite« (1951) von Eduard Claudius. Ranicki lobt das aktuelle und wichtige Thema, das Teil der neuen deutschen Realität sei (die er erst Jahre später zum ersten Mal sehen wird), doch verkennt er nicht, daß viele Personen farblos und schematisch sind. Außerdem verliere sich der Autor im Schildern von Kleinigkeiten, es gebe Längen und Mängel in der Komposition. Also ein von Vollkommenheit weit entferntes Buch – und doch ein innovatives Werk, ja sogar ein Meilenstein in der Geschichte des deutschen Romans. Einerseits, andrerseits.

Ranickis Abriß der deutschen Literatur ist ein oberflächliches, offenbar rasch geschriebenes Buch, das man inspiriert nicht nennen kann. Die Argumente wirken selbst für eine marxistische Literaturbetrachtung hilflos. Lust an der Literatur, wie sie den späteren Literaturkritiker beflügeln sollte? Weitgehend Fehlanzeige. Die Politik bestimmt den Blick. Die DDR, so das unausgesprochene Fazit von Ranickis Literaturgeschichte, bietet die Gewähr dafür, daß ihre Schriftsteller auf dem richtigen Weg sind. Und so können am Ende denn auch die Verse von Becher und Brecht uneingeschränkt gerühmt werden: Erst im befreiten Deutschland, so Ranicki, erblühe auch die lyrische Kunst. Ein linientreuer Literaturbetrachter.

5. »Eine peinliche Legende«

Für Aufregung sorgte der Kritiker freilich schon damals. In einer Literaturzeitschrift der DDR tauchte der Name Marceli Ranicki erstmals 1953 auf. Eine Würdigung des Autors Erich Weinert, dem gerade der Nationalpreis der DDR zugesprochen worden war, wurde von »Sinn und Form« aus der polnischen Zeitschrift »Nowa Kultura« in

Übersetzung nachgedruckt. Der Beitrag enthielt Zündstoff – und es ist nicht auszuschließen, daß der Chefredakteur von »Sinn und Form«, Peter Huchel, Ranickis Beitrag gerade deswegen aufgenommen hat. Auf den ersten Blick war der Artikel eine brave Würdigung des in der DDR geschätzten Lyrikers, der sich mit Gelegenheitsversen und Agitationsgedichten schon in den zwanziger und dreißiger Jahren einen Namen gemacht hatte – oder wie es Ranicki formuliert: »Der Dichter wird zum unermüdlichen Chronisten des Kampfes und der Leiden der deutschen Arbeiterklasse, zum glühenden Volkstribun.«

Nur: Um seinen Weinert so richtig loben zu können, spielte er ihn gegen jene Lyriker aus, »die einen künstlichen und für die Massen unzulänglichen Wortschatz gebrauchen«. Damit waren die Expressionisten gemeint, die Ranicki nie so recht leiden mochte, zu denen freilich auch einmal die damaligen DDR-Heroen Becher und Brecht gezählt hatten, was Ranicki nicht zu erwähnen vergaß. Es sei beiden zwar gelungen, »vom formalistischen Experimentieren und von der kraß individualistischen Weltbetrachtung loszukommen«, doch erst »nach langwierigem und intensivem Suchen«. Und dann der schmerzhafte Satz: »Man darf daran erinnern, daß fast sämtliche Gedichte Bechers, die aus jener Zeit stammten, heute schon in Vergessenheit geraten sind.«

Johannes R. Becher aber war gerade Kultusminister der DDR geworden, und kaum hatte er die Passage gelesen, rief er in frischer Machtvollkommenheit bei der Redaktion an und beschwerte sich. Huchel war gerade in

Moskau, und so wurde seine Frau Monica ins Ministerium bestellt, die die Episode auch später in einem Erinnerungstext geschildert hat. Am Ende blieb Huchel vorerst auf seinem Posten: Kein anderer als Brecht hatte sich für ihn stark gemacht.

So kompliziert werden die Verhältnisse, wenn sich Ideologie, ästhetische Beurteilung und dichterische Eitelkeit überlagern. Ranicki erfuhr von dieser Angelegenheit erst Jahrzehnte später. In einer DDR-Literaturzeitschrift erschien 1955 wieder ein Beitrag von ihm: Die NDL (»Neue deutsche Literatur«) stellte ihn als »bekannten polnischen Literaturkritiker« vor, der seit langem »dem Schaffen der deutschen Schriftsteller große Aufmerksamkeit widmet«. Sein Beitrag behandelt »Probleme des deutschen Gegenwartsromans« und ist ein neu arrangierter Ausschnitt aus dem letzten Kapitel der Literaturgeschichte. Freilich ist das Stück jetzt eleganter formuliert (der Autor hat es auf Deutsch neu geschrieben) – und plötzlich klingt die Kritik an den Romanen von Willi Bredel, Anna Seghers und Bodo Uhse, von in der DDR hoch angesehenen Schriftstellern, schärfer und die Schlußfolgerung konsequenter: »Verkleinerung oder geradezu Vermeidung wirklicher Konflikte, oberflächlich erfaßte, schablonenhafte Gestalten, schematische Konstruktion der Handlung usw.« Und vor allem: Ranicki gab keineswegs den Schriftstellern allein die Schuld an ihrem Scheitern, sondern er machte ausdrücklich staatliche Instanzen der DDR dafür mitverantwortlich: Er sprach von Fehlern in der Kulturpolitik. »Man unterschätzte die Fragen der Form und ging an die Problematik des sozialistischen Realismus engherzig und sektiererisch heran.« Das war ein neuer Ton bei Ranicki – und in der DDR fast eine Sensation: Keiner der dortigen Kritiker hätte zu jener Zeit gewagt, so zu reden.

Spätestens 1956 ließ überhaupt der klassenkämpferische Elan des Kritikers deutlich nach. Das politische Klima in Polen hatte sich seit Beginn der »Tauwetter«-Periode spürbar verbessert. Nun war es Ranicki, der eine Öffnung gen Westen forderte, zumindest was die Literatur angeht. Er wolle endlich alles von Thomas Mann lesen und die Entwicklung der deutschen Literatur auch außerhalb der DDR studieren können. »Wann bekommen wir Übersetzungen des ›Doktor Faustus‹ und der westdeutschen Schriftsteller?« – so seine Frage in der Überschrift eines Zeitungsbeitrags. Und schon bald konnte er seine Kenntnisse erweitern: In den Jahren 1957 und 1958 rezensierte er in Polen die neuen Romane von Alfred Andersch, Heinrich Böll, Max Frisch, Wolfgang Koeppen, Siegfried Lenz und Martin Walser.

Gelegentlich verfiel er dabei noch in gewohnte Schablonen. So tadelte er an Walsers Debütroman »Ehen in Philippsburg«, der in den fünfziger Jahren spielt, die angeblich »konsequente und hartnäckige Nichtberücksichtigung der Fragen von gestern«. Zu wenig über die nationalsozialistische Vergangenheit, sollte das heißen. Und – kein Wunder – auch bei der Beschreibung der Gegenwart verfahre der Autor »ziemlich oberflächlich«: Walser weiche »jeglichen ideologischen Fragen aus« und mache sich nicht einmal am Rande »über Ursachen der kritisierten Verhältnisse Gedanken«. Doch alles in allem betrachtete Ranicki die Schriftsteller aus der Bundesrepublik und der Schweiz mit Respekt, ja Wohlwollen. Schon damals entdeckte er den Romancier Wolfgang Koeppen für sich: In der Zeitschrift »Twórczość« schrieb Ranicki einen Essay, den der Schriftsteller Horst Bienek viele Jahre später mit den Worten lobte: »Heute nachgelesen, besticht dieser Aufsatz durch seine vorurteilsfreie, von keinerlei politischen Aspekten belastete Betrachtung.« Auch die schon zitierte, betont kritische polnische Magisterarbeit über Reich-Ranickis frühe Kritikertätigkeit kommt zu dem Ergebnis: »Die Fakten, und es sind in diesem Fall literaturkritische Arbeiten, bezeugen eindeutig, daß sich die von Marceli Ranicki vertretenen literarkritischen Ansichten in den Jahren 1956 bis 1958 zu mildern und umzugestalten begannen.«

Es fällt leicht, sich heute über die holprigen und dogmatischen Anfänge des Kritikers zu erheben. Man darf sich in Erinnerung rufen, daß Reich-Ranicki nicht freiwillig auf ein Studium verzichtet hat, daß er Gründe hatte, sich für einige Jahre von der Literatur fernzuhalten, zumal der deutschen, daß er schließlich in Polen zunächst keinerlei Möglichkeit hatte, die literarischen Entwicklungen und theoretischen Debatten im Westen zu verfolgen. Zwischen 1950 und 1956 konnte er nicht einmal westliche Zeitungen lesen. So standen seine ersten literarkritischen Versuche notgedrungen unter dem Einfluß jener marxistischen Literaturtheorie, die – wie Reich-Ranicki später nicht ohne Ironie anmerken sollte – »1968 in der Bundesrepublik so gefeiert wurde«.

Im Jahre 1951 hatte er gar keine andere Wahl. Er sagt es heute ganz offen: »Als ich anfing, Kritiken zu schreiben, hatte ich doch keine Ahnung. Ich suchte herum: Wie schreiben andere?« Also habe er bei Alexander Abusch, bei Georg Lukács, Hans Mayer und Paul Rilla zu lernen versucht. »Eine andere Literaturbetrachtung kannte ich gar nicht.« Die offizielle Doktrin war damals in Polen, nicht anders als in der Sowjetunion oder der DDR, die des Sozialistischen Realismus, eine Doktrin, die schon in den dreißiger Jahren von stalinistischen Kulturfunktionären formuliert worden war. Einer von deren Leitsätzen: Beim Schreiben von Literatur müsse »die wahrheitsgetreue und historisch konkrete künstlerische Darstellung mit der Aufgabe verbunden werden, die werktätigen Menschen im Geiste des Sozialismus ideologisch umzuformen und zu erziehen« (Andrej Schdanow).

Im Bann dieser Theorien stand der junge Kritiker Ranikki zumindest in der ersten Hälfte der fünfziger Jahre. Manche dieser frühen Arbeiten und Bewertungen machen übrigens die eine oder andere Schärfe des Kritikers später im Westen erst recht erklärlich. Ein nicht unerheblicher Teil seiner Verrisse und Angriffe, die er später in der Bundesrepublik geschrieben hat, ist heimliche Selbstkritik: Nachprüfung alter Urteile, Entgegnung auf sich selbst.

Ein Beispiel: der Arbeiterschriftsteller Hans Marchwitza. In der Literaturgeschichte aus dem Jahr 1955 wurde der DDR-Veteran noch als Vorbild hingestellt: Marchwitzas Schule seien die Partei und die Leiden und Kämpfe der deutschen Arbeiterklasse gewesen, die Lehre des deutschen Proletariats hätte ihm die einzig richtige Entwicklungslinie gewiesen. Sein früher Roman »Die Kumiaks« (1934) wurde – bei kleinen Einwänden – als ein Werk präsentiert, das durch tiefe Wahrheit erschüttere. Doch noch in Polen korrigierte Ranicki seine Einschätzung an Hand eines neuen Marchwitza-Romans: Der sei »zu langweilig, als daß jemand bereit wäre, ihn freiwillig zu Ende zu lesen«, schrieb er 1957 in einer Zeitungskritik. Die »intellektuelle Armseligkeit« sei »geradezu peinlich«. Und dann: Unter der Überschrift »Die Legende vom Dichter Marchwitza« rechnete Reich-Ranicki 1964, nun schon im Westen, mit dem Autor (und sich selbst) ab: Der mehrfache Nationalpreisträger der DDR könne »kaum als Schriftsteller gelten«. Über den Roman »Die Kumiaks« heißt es jetzt: »Diesem primitiven und naiven Buch – es ist sein bestes – kann man immerhin einen gewissen zeitdokumentarischen Wert nachsagen.« Und dann die verborgene Pointe: Um zu belegen, daß in Polen längst erkannt sei, was die DDR noch immer nicht wahrhaben wolle, bedient sich Reich-Ranicki heimlich bei Ranicki. Er zitiert den polnischen Marchwitza-Verriß aus dem Jahr 1957, seinen eigenen – als Stimme der Parteizeitung »Trybuna Ludu«. Perfekte Mimikry, nicht ohne Witz.

Noch viele Jahre später, 1991, als die DDR längst nicht mehr existiert, wird Reich-Ranicki seine Marchwitza-Abrechnung – nun mit dem sinnigen Titel »Eine peinliche Legende« versehen – für so wichtig halten, daß er sie an die Spitze eines Sammelbandes mit Rezensionen zur Literatur aus der DDR (»Ohne Rabatt«) stellt. In der Einleitung zu dem Buch steht zu lesen: »An die Existenz einer DDR-Literatur habe ich nie geglaubt. Aber ich brauche mir den Vorwurf nicht zu machen, die in der DDR entstandene Literatur je bagatellisiert oder gar ignoriert zu haben.« Und dann wird gegen manche Kollegen polemisiert, als hätte er selber sich derlei in den frühen Kritikerjahren niemals zu schulden kommen lassen: »Was aus der DDR importiert wurde, versuchten sie, nicht nur schonungsvoll, sondern betont freundlich zu besprechen, wenn nicht zu rühmen.« Ihm dagegen habe es nie eingeleuchtet, behauptet er, »daß man irgendeiner hehren Sache dient, wenn man seine Ansichten über literarische Werke verschweigt oder retuschiert«. Frechheit siegt.

6. Der unaufhaltsame Aufstieg

Wieso eigentlich gaben die Polen dem ehemaligen Geheimdienstmann Ranicki 1958 ein Visum für die Bundesrepublik – zu einem Zeitpunkt, da sich seine Familie ebenfalls im Westen aufhielt? Galt er mittlerweile wieder als zuverlässig? Den Rang des Hauptmanns durfte er ohnehin noch tragen. Als er 1956 zum ersten Mal die DDR besuchte (es war die erste Auslandsreise seit 1949), trug er sich als »Hauptmann der Reserve« in die Reisepapiere ein. Und 1957 war er, laut Auskunft der Parteiakte (im Warschauer Archiv der Neuen Akten), auch endlich wieder Mitglied der polnischen KP geworden – so berichtet der Journalist Tycner. Die Kopie eines entsprechenden Beschlusses sei Ranicki im Februar an die Privatadresse geschickt worden. Reich-Ranicki kann sich daran nicht erinnern. Er habe sein Parteibuch nach 1949 nicht wieder in Händen gehalten: »Ich bin nie wieder aufgenommen worden.« Es sei freilich etwas anderes denkbar: »Nachdem Gomulka wieder an die Macht gekommen war, sind möglicherweise die Akten noch einmal durchgesehen worden. Da hat er (Tycner) etwas herausgefunden, was ich bis dahin nicht wußte: daß man mich wiederaufgenommen hat. Man hat mich darüber nicht informiert. Jedenfalls habe ich nie eine solche Information bekommen.« Schon vor einigen Jahren – 1986 gegenüber Peter von Matt – hat er über diese Angelegenheit gesprochen: Er sei nie wieder in die Partei zurückgekehrt, »obwohl man es mir während des ›Tauwetters‹ angeboten hat«. Heute ergänzt er: Das seien inoffizielle Anfragen gewesen.

Ranicki blieb jedenfalls in der Bundesrepublik, in die er im Jahr zuvor, 1957, erstmals gereist war: »Ich wollte nicht mehr in der kommunistischen Welt bleiben, ich wollte in den Westen gehen.« Und es spricht einiges dafür, daß manche Kreise in Polen davon gar nicht angetan waren. Nur wenige Monate nach seiner Ausreise, im Oktober 1958, bat das polnische Innenministerium die Staatssicherheit der DDR um Amtshilfe. Festzustellen sei der westdeutsche Aufenthaltsort von »Marceli Reich-Ranikki, Journalist«. So nannte sich der Grenzgänger nämlich jetzt: Marcel Reich-Ranicki (der damalige Feuilletonchef der FAZ, Hans Schwab-Felisch, hatte ihm dazu geraten, die beiden Namen zu koppeln). Um die Sache kümmerte sich sogar der damalige Stasichef Markus Wolf persönlich – dennoch fand der Geheimdienst weder heraus, in welchen westlichen Blättern der Gesuchte damals schrieb (FAZ und »Welt«), noch, wo er wohnte. Unterlagen der Berliner Gauck-Behörde erwiesen später, daß der Entschwundene zu der Zeit sogar im Grenzfahndungssystem der Ostblock-Geheimdienste erfaßt war.

Reich-Ranicki war im Westen und machte sich in den sechziger Jahren in der Bundesrepublik rasch einen Namen. Das hatte vor allem zwei Gründe. Zum einen hatte er schon bald das richtige Forum gefunden. Gut ein Jahr nach seiner Ankunft in der Bundesrepublik erhielt er aus Hamburg das Angebot, ständiger Literaturkritiker der »Zeit« zu werden: für eine monatliche Pauschale von 1.000 Mark. (Die »Welt«, für die Reich-Ranicki manches geschrieben hatte, hielt dagegen – wenn er bereit wäre, fortan als Musikkritiker zu arbeiten.) Zum anderen nahm er sich konsequent der wichtigen deutschen Gegenwartsautoren an. Und wer die waren, stand für ihn und andere längst fest: die Dichter der »Gruppe 47«.

Reich-Ranicki war gleich im Herbst 1958 bei einer Tagung der Gruppe in Großholzleute dabei gewesen – und hatte zwei Kapiteln aus einem entstehenden Roman des jungen Autors Günter Grass gelauscht. Der Titel: »Die Blechtrommel«. Über dieses Buch schrieb er seinen ersten Beitrag als fester »Zeit«-Mitarbeiter (publiziert am 1. Januar 1960): einen Verriß. Es heißt darin, schlicht und ergreifend: »›Die Blechtrommel‹ ist kein guter Roman.« Doch, um sich ein Hintertürchen offenzulassen, schränkt der Kritiker sein harsches Urteil ein: »In dem Grass scheint – alles in allem – Talent zu

Marcel Reich-Ranicki in seiner Hamburger Wohnung (1963)

stecken.« Die »Blechtrommel« wurde einer der wenigen großen Erfolge der deutschen Nachkriegsliteratur, auch international. Die Begründung für die Ablehnung des Romans? Grass widme den »Vorgängen des Urinierens und Erbrechens« besondere Aufmerksamkeit, urteilte Reich-Ranicki 1960, auch werde in dem Roman vergewaltigt und onaniert. Der Kritiker verwendete natürlich nicht mehr eine Vokabel wie »dekadent«: Im freien Westen schickte sich das nicht. Im Gegenteil: »Wir sind durchaus nicht schockiert.« Doch Grass vermöge eben nicht, das alles als »notwendig oder zumindest nützlich« für das Werk zu zeigen. So einfach war das: »Die meist präzisen und bisweilen wollüstigen Schilderungen seiner Art ergeben nichts für seine Zeitkritik.«

Zeitkritik: Das also war es, was er damals – immer noch – von den Dichtern forderte. Zur Ehrenrettung muß hinzugefügt werden, daß nicht alle Einwände gegen den Roman derart plump waren (und einiges noch heute ganz plausibel klingt) – und daß Reich-Ranicki drei Jahre später eine »Selbstkritik des ›Blechtrommel‹-Kritikers« für den Rundfunk schrieb. Allerdings nun wieder mit Formulierungen, die eher über den Kritiker als den behandelten Dichter etwas sagen: »Ich konnte mich nicht damit abfinden, daß Grass seine Vitalität nicht gezügelt und sein Temperament nicht beherrscht hatte.« Literarkritisches Argument? Oder die Sehnsüchte eines Ordnungsfanatikers?

Der »Zeit«-Kritiker mäkelte und monierte, an der Bedeutung der Autoren der »Gruppe 47« insgesamt ließ er freilich keinen Zweifel – und geschickt nutzte er die

Vorbehalte etablierter und konservativer Kritiker zur eigenen Profilierung: die Einwände eines Günter Blöcker etwa oder eben jenes Sieburg, der immer noch Inbegriff der deutschen Literaturkritik war und ihn in seinem Blatt eher geduldet als gefördert hatte.

Reich-Ranicki nannte Roß und Reiter. Das machte er schon damals konsequent: Er gab vor, die anderen Kritiker wichtig zu nehmen – und verschaffte sich so als Gegenpol selbst Rang und Namen. Wurde Blöcker von der »Zeit« gebeten, etwas über sein Unbehagen an der neuen deutschen Literatur zu schreiben, und gab der dann seinem unwillig abgelieferten Beitrag den Titel »Die ›Gruppe 47‹ und ich«, so konterkarierte Reich-Ranicki in derselben Nummer mit einem Artikel »Die ›Gruppe 47‹ und Er« und fragte genüßlich: »Weiß er nicht, daß dieser Schar die meisten nennenswerten deutschen Schriftsteller angehören, die nach 1945 zu schreiben begannen?« Er liebte keine halben Sachen. Sieburg bescheinigte er 1967 ein »exemplarisches Scheitern als Literaturkritiker«. Der hatte sich vorher schon seine eigene Meinung über den Kritikerkollegen gebildet: 1962 schrieb er in einem – erst 1988 veröffentlichten – Brief an Heinz Ludwig Arnold: »Den Wortwechsel zwischen Blöcker und Reich-Ranicki habe ich nur überflogen. Ich bedaure, daß Blöcker seine Tinte und seinen eminenten Verstand an die Unterhaltung mit einer so trüben Figur verschwendet. Ich bedaure dies um so mehr, als ich an seiner Stelle viel entschiedener polemisiert haben würde.«

Anders als jenen Kollegen, denen »jegliches literarisches Leben fremd und verächtlich« sei, tummelte sich Reich-

Vortragsplakat mit Reich-Ranicki (1965)

Ranicki, nun in seinen Vierzigern, gern auf Tagungen, bei Vorträgen, im Streitgespräch. Wenn sich die »Gruppe 47« traf oder im Rundfunk das »Literarische Kaffeehaus« live über mehrere Sender ging: Reich-Ranicki war immer dabei. Im Dezember 1966 etwa kam der linke Publizist Ernst Fischer als Gast in die damals berühmte Radio-Talkshow, die Reich-Ranicki zusammen mit Hans Mayer gestaltete. Er versuchte, den Kommunismus als Hoffnung der Menschheit zu propagieren. Der Kommerz sei eine größere Gefahr »als das Kommando«, lautete Fischers These. »Entschuldigen Sie bitte, aber habe ich Sie richtig verstanden?« kam prompt die Rückfrage des Mannes, der seine kommunistische Phase abgeschlossen hatte – aber die Töne nur zu gut kannte. »Ich darf ein wenig überspitzen: Die Freiheit sei eine größere Gefährdung als der Terror? Haben Sie nicht fast das gesagt?« Reich-Ranicki war schon damals unerbittlich im Nachhaken und Zuspitzen: Er stellte sich ein wenig dumm – und brachte den anderen prompt aus dem Konzept. Ein Rhetoriker, der seine Gegner das Fürchten lehrte. »Momentmal!« rief er. Oder drohte: »Entschuldigen Sie, ich muß jetzt über ganz simple Dinge reden.«

Längst gehörte er wie selbstverständlich in die Runde der berüchtigten Spontankritiker der »Gruppe 47«: Seite an Seite mit Walter Höllerer, Walter Jens, Joachim Kaiser und Hans Mayer erteilte er den Autoren gleich nach ihrer Lesung die Zensuren. Die Zeitumstände waren günstig. Die Beachtung, die in den sechziger Jahren den Schriftstellern geschenkt wurde, hat – bis heute – dem Ruf des kritischen Begleitpersonals nicht geschadet. Im Schatten

Reich-Ranicki auf einer Tagung der Gruppe 47 (1965)

der Ost-West-Konfrontation mochte es gar eine Weile so aussehen, als hätte die Literatur die gesellschaftliche – oder gar politische – Bedeutung einer moralischen Instanz. Die reservierte Haltung der »Gruppe 47« gegenüber dem Adenauer-Staat (mitsamt den Resolutionen und Empörungen) machte die deutschen Nachkriegsautoren schnell berühmt. Und die Kritiker mit ihnen.

Reich-Ranicki schrieb über fast alle: über Alfred Andersch, Ingeborg Bachmann, Heinrich Böll, Günter Eich, Günter Grass, Uwe Johnson, Alexander Kluge, Martin Walser, Gabriele Wohmann. Er schrieb freilich auch über Autoren, die nie vor der Gruppe gelesen haben, wie Thomas Bernhard, Rolf Dieter Brinkmann, Elias Canetti, Max Frisch, Wolfgang Koeppen oder Hans Erich Nossack. Er konnte sich bei der »Zeit« seine Themen auswählen. Gern behandelte er Schriftsteller aus der DDR. Das war Anfang der sechziger Jahre immer noch ungewöhnlich, nahezu exotisch. Reich-Ranicki besaß fast eine Art Monopol. Den Vorsprung an Kenntnissen, den er in Polen gewonnen hatte, setzte er geschickt ein. Viele Autoren machte er im Westen überhaupt erst bekannt. Eifrig polemisierte er gegen alle Tendenzen in der Bundesrepublik, die Autoren von »drüben«, wie es damals hieß, vor allem nach dem Bau der Mauer 1961, totzuschweigen oder zu behindern. Das machte ihn zu einer Art Vorreiter der Entspannungspolitik, lange bevor die Aussöhnung mit dem Osten gefragt war.

»Da mußte erst jemand aus Włocławek kommen«, schrieb Jahre danach der in München lebende polnische

Autor Tadeusz Nowakowski, »um den Deutschen in München über ihre dichtenden Landsleute in Leipzig oder Ost-Berlin literaturkritisch zu berichten.« Von Anfang an hatte sich Reich-Ranicki im Westen mit diesem Thema befaßt. Gleich bei seiner ersten Begegnung mit Sieburg, bald nach der Ankunft in Frankfurt, machte er den Vorschlag, Bücher von Autoren aus der DDR zu besprechen, was den damaligen FAZ-Literaturchef äußerst verblüffte. »Hätte ich mir die Bemerkung erlaubt, daß in seinem Literaturteil die albanische Lyrik nicht beachtet werde – seine Verwunderung wäre gewiß kaum größer gewesen«, so hat sich Reich-Ranicki später erinnert. Er durfte dann tatsächlich einen neuen Roman von Arnold Zweig besprechen, das sei, gestand Sieburg bei allen Vorbehalten ein, tatsächlich »ein literarischer Gegenstand«. Im folgenden Jahr, 1959, konnte Reich-Ranicki in der »Welt« gar eine 14teilige Artikelserie publizieren, in der Willi Bredel, Franz Fühmann, Stephan Hermlin, Peter Huchel, Ludwig Renn, Erwin Strittmatter und andere porträtiert wurden. »Deutsche Schriftsteller, die jenseits der Elbe leben«: Der Titel der Serie war ein Kompromiß. Die Zeitungsredaktion lehnte die Bezeichnung »DDR« ab, der Autor mochte das Wort »Sowjetzone« nicht. Eine monatliche Rundfunksendung für den NDR (1959 bis 1961) lief unter der Überschrift: »Literatur in Mitteldeutschland«. Und eine Anthologie, die Reich-Ranicki 1960 im List-Verlag herausgab, nannte sich, da die drei Buchstaben verpönt waren: »Auch dort erzählt Deutschland«. Untertitel: »Prosa von ›drüben‹«.

7. »Kreidestaub und Tafelschwamm«

»Deutsche Literatur in West und Ost«: So hieß dann auch 1963 das erste Buch im Westen mit eigenen Arbeiten. Es wurde 20 Jahre später – um einige Beiträge entschlackt, um wenige erweitert – neu aufgelegt und ist bis heute als Taschenbuch lieferbar. Im ersten Teil werden die damals wesentlichen Autoren der Bundesrepublik, Österreichs und der Schweiz vorgestellt: Andersch, die Bachmann, Böll, Dürrenmatt, Frisch, Gerd Gaiser, Grass, Johnson, Siegfried Lenz, Hans Erich Nossack und Martin Walser. Im zweiten Teil dann jene, die in der DDR lebten: Bredel, Eduard Claudius, Franz Fühmann, Stephan Hermlin, Ludwig Renn, die Seghers, Erwin Strittmatter, Uhse und Arnold Zweig.

Wie verfuhr Reich-Ranicki mit Autoren und Büchern, über die er in Polen schon geschrieben hatte? Nehmen wir Anna Seghers: Ihr Roman »Das siebte Kreuz« wird erneut gefeiert, freilich unter nahezu umgekehrten Vorzeichen. Der »Heimatroman« wird jetzt als »Passionsgeschichte« gelobt, an der auffallend sei, daß die Romanfiguren, die dem aus einem Lager geflohenen Helden Georg helfen, »mit Politik nichts zu tun haben«. Reich-Ranicki revidiert seine frühere Position dem Seghers-Roman gegenüber. »Man mag in der Konzeption des Romans eine unmittelbare Widerspiegelung der Politik der antifaschistischen Volksfront sehen, die von der KPD im Exil Mitte und Ende der dreißiger Jahre propagiert wurde«, heißt es wie im Selbstgespräch.

Doch: Auch die Kommunisten und überzeugten Antifaschisten im Buch, »die es ermöglichen, daß Georg schließlich nach Holland entkommen kann, agieren offenbar nicht auf Weisung der Partei oder irgendeiner Widerstandsorganisation, sondern auf Grund einer individuellen und freiwilligen Entscheidung«. Das ist eine Interpretation, die Reich-Ranicki in seiner 1957 in Polen publizierten Seghers-Monographie schon vorbereitet hatte. Dort schrieb er: »So kann man sagen, daß es in diesem Roman viele Milieus und Figuren, viele Ereignisse und Situationen gibt, doch nur ein übergeordnetes Problem – es ist das Problem der moralischen Kategorien, die die Handlungen der Menschen bestimmen.«

Der Kritiker spitzt das jetzt noch zu. Er entnimmt dem Roman »Das siebte Kreuz« nun, daß der Kommunistin Seghers, als sie ihn schrieb, nur noch eine Hoffnung geblieben sei: »die Rechtschaffenheit des Individuums«. Das Buch könne heute eine neue Aufgabe erfüllen: »Denn solange es auf deutschem Boden einen totalitären Staat gibt, sollte man sich hüten, die Geschichte der Flucht des Georg Heisler als historischen Roman zu lesen.« Das war, Mitte der sechziger Jahre, eine deutliche Absage nicht nur an die DDR, sondern auch ein Vorwurf an die in diesem Staat lebende Autorin. Im Klartext hieß es: Die DDR sei mit dem Nazistaat zu vergleichen, eine Flucht ähnlich gefährlich wie die im Roman beschriebene – und die Autorin des »Siebten Kreuzes« verrate ihr eigenes Werk, indem sie sich von diesem Staat feiern läßt.

Mit den übrigen Autoren des Ostens verfuhr Reich-Ranicki kaum glimpflicher. »Eins freilich ist er nicht mehr: Schriftsteller.« So ist über Willi Bredel zu lesen. An dessen Roman »Die Enkel« ließ der Kritiker nun kein gutes Haar mehr: »ein Buch, das mit künstlerischer Prosa nichts gemein hat«. Im Essay über Bodo Uhse schimmerte noch Sympathie für den Lebenslauf durch, für das Buch »Die Patrioten« indes nicht mehr: »Der Roman ist überladen und dürftig zugleich.« Und gar der Roman »Menschen an unserer Seite« von Eduard Claudius – kaum noch der Rede wert: »Ein oberflächlicher Propagandaroman mit schematischen Gestalten, papiernen Dialogen und vielen langweiligen Beschreibungen«. Warum dann überhaupt diese ausführliche Darstellung von in der Bundesrepublik doch ohnehin kaum bekannten und zudem unbedeutenden Autoren aus der DDR? Das mochte auch mit dem Wunsch zu tun haben, den neuen Standort zu vermessen und festzuschreiben. Und: Reich-Ranicki schien nun fest entschlossen zu sein, bei sich selbst kein Hin und Her mehr zu dulden. Schwankende Haltung wie in seiner in Polen entstandenen Literaturgeschichte, von Kompromissen oder politischen Überzeugungen geprägt, wollte er sich anscheinend nie wieder erlauben.

So bemühte er sich auch, in seinen Aufsätzen über die Schriftsteller des Westens Flagge zu zeigen, Positionen festzulegen. Doch das ideologische Argument dominierte das ästhetische in manchen Fällen immer noch. Zwei Beispiele sind besonders aufschlußreich: die Essays über Böll und Gerd Gaiser. Der eine wurde von Reich-Ranikki zur moralischen Instanz erhoben (»Böll, der Moralist«), der andere sollte ausgegrenzt werden (»Der Fall

Gerd Gaiser«). Reich-Ranicki hat diese Absicht im Interview später bestätigt (in diesem Buch Seite 182). Er habe Böll nicht nur aus rein künstlerischen Gründen gefördert, sondern auch aus politischen und moralischen: »Ich habe eine Galionsfigur gesucht. Ich hatte gedacht, Gerd Gaiser darf es nicht werden.«

Also wurde Gaiser, ein damals viel beachteter und von Teilen der Kritik hoch gelobter Schriftsteller, im Buch »Deutsche Literatur in West und Ost« zum Finstermann erklärt, der im Grunde seine lyrischen Jugendsünden (er hatte im Krieg Nazigedichte verfaßt) nie ganz überwunden habe. Ein dumpfer deutscher Dichter, so war das zu verstehen, den es zu verdammen galt und den Reich-Ranicki mit dem Fazit abkanzelte: »Sein Werk dient nicht der Wahrheit.« Dabei war der Kritiker fair genug, schriftstellerische Könnerschaft zu attestieren: Einige von Gaisers Prosatexten zeugten von formalen Fähigkeiten, »die man in dieser Art in der heutigen deutschen Prosa nur selten antrifft«. Doch dem »beträchtlichen erzählerischen Talent« half das nicht. Reich-Ranickis Vorwurf: Bei Gaiser sei das ganze Leben beklemmend und rätselhaft dargestellt, »ein mysteriöses Abenteuer, dem die Menschen machtlos ausgeliefert sind«. Und das durfte nun einmal alles nicht sein: Mystizismus, Fatalismus, Mythos des Bodens, überhaupt Mythen und Legenden. Außerdem war zu rügen: Verachtung der Intellektuellen, Zivilisationsverachtung gar – und am Ende (gemeint ist der 1958 publizierte Roman »Schlußball«) auch noch ein Plädoyer »gegen die bundesrepublikanische Prosperität«. Das war offensichtlich nicht die Art von Zeitkritik, die Reich-Ranicki meinte und wünschte.

Das Verdikt, mit dem Reich-Ranicki nicht allein stand (vorher hatte sich schon Walter Jens gegen Gaiser ausgesprochen), trug gewiß dazu bei, daß der Autor, dessen Werke noch in den sechziger Jahren zur Schullektüre gehörten (Stichwort: moderner Roman), heute so gut wie unbekannt ist. Keines seiner Bücher ist mehr lieferbar. Böll dagegen erhielt den Nobelpreis und eine Werkausgabe – was zweifellos nicht Reich-Ranickis Plädoyer allein zu verdanken ist. Nie hat der im übrigen ein Hehl daraus gemacht, den guten Mann aus Köln nicht in erster Linie wegen seiner Literatur gelobt zu haben. Wer Böll rühme, heißt es schon in Reich-Ranickis Buch aus dem Jahre 1963, habe nie ausschließlich dessen künstlerische Leistung im Auge. »Abgesehen von einigen Kurzgeschichten, hat Böll nichts geschrieben, was auch nur annähernd als vollkommen gelten könnte.« Was dann? Reich-Ranicki sagte ganz offen: »Wer Böll beurteilt, verrät sofort, welche Literatur er erwartet.« Und er hielt mit Bölls – und seinem eigenen – Ideal nicht hinter dem Berg: »Er will auf die Zeitgenossen wirken, die Menschen erziehen, zur Veränderung des Lebens beitragen.« Ein »radikaler und aggressiver Zeitkritiker« sei Böll, der unbeirrbar versuche, »im Dienste der Gegenwart die Einheit von Sprache und Gewissen, von Kunst und Moral zu verwirklichen«. Und am Ende nahm der Kritiker doch wieder zu seinem Einerseits-Andererseits Zuflucht, zu einer diplomatischen Wendung: »Oft läßt Böll uns zweifeln, ob er überhaupt als guter Schriftsteller gelten kann, um uns mit seinen besten Arbeiten schließlich davon zu überzeugen, daß er mehr als ein guter Schriftsteller ist.«

Das Buch »Deutsche Literatur in West und Ost« fand nicht nur Freunde. Der von Reich-Ranicki zuvor als Romancier kritisch behandelte Reinhard Baumgart etwa monierte daran im »Spiegel« einen »Beigeruch von Kreidestaub und Tafelschwamm«. Zu deutsch: der Kunstrichter als Oberlehrer – »von Beckmessers Gnaden, versessen auf Einzelfehler, kurzsichtig für Zusammenhänge«. Werk für Werk klopfe Reich-Ranicki auf Kunstfehler und auf Lässigkeit im zeitkritischen Engagement ab: »Ästhetische Gesundheit verlangt er und moralischen Nutzen für eine bessere Welt.« So spreche kein Kritiker, lautete 1964 das Fazit von Baumgart. Das sei »der gesunde Menschenverstand, angewandt auf die Literatur« – eine Einschätzung, die der Betroffene später immer wieder hören sollte. Und noch ein letzter Hieb Baumgarts: »Gegen die Versuchungen der Brillanz ist dieser Kritiker unendlich gefeit.«

Aber war »dieser Kritiker« nicht überhaupt auf dem absteigenden Ast? An Leuten wie Reich-Ranicki sei die Zeit vorbeigegangen, behauptete der Rundfunkredakteur Peter Hamm. Und Hermann Kant, der zu den von Reich-Ranicki besprochenen DDR-Autoren zählte, teilte Mitte der sechziger Jahre der Stasi über Reich-Ranicki mit: »Der Ruf des Genannten ist im Abnehmen.«

Zu früh gefreut. Die »Zeit«-Zeit war für Reich-Ranicki nur eine Etappe. Er selbst fühlte sich in Hamburg längst nicht mehr wohl. Die Vereinbarung mit der Redaktion

Reich-Ranicki bei Max Brod in Israel (1967)

hatte für ihn zwar einen unschätzbaren Vorteil: Er konnte zu Hause arbeiten und so binnen vierzehn Jahren eine beträchtliche Zahl von Kritiken, Glossen und Kommentaren schreiben. Doch er fühlte sich ausgeschlossen. Er hatte eine Heimstätte – aber nur für seine Artikel. Er selbst war unerwünscht. Weder zu Konferenzen noch zum Redigieren lud ihn die Redaktion. Aus Angst vor seinem Temperament? »Ich saß vereinsamt in einer kleinen Wohnung in Hamburg-Niendorf und führte ein monologisches Dasein«, hat er später erzählt. »Man hat einen Redakteur nach dem anderen engagiert, aber mir hat man nicht den kleinsten Redakteursposten angeboten.«

Das Angebot kam 1973 aus Frankfurt am Main, von jener Tageszeitung, bei der einst Sieburg der mächtige Mann für Literatur gewesen war. Joachim Fest, damals noch eng mit Reich-Ranicki befreundet und designierter Herausgeber (zuständig für das Feuilleton), hatte sich ausbedungen, den neuen Literaturchef mitzubringen: eben jenen Kritiker, dessen drei Jahre zuvor publiziertes Buch »Lauter Verrisse« mittlerweile ein Markenzeichen geworden war.

8. Eine Zeitung für Deutschland

Reich-Ranicki zog von Hamburg nach Frankfurt. Und von seinem neuen Amt, so mag er sich geschworen haben, sollte ihn niemand mehr vertreiben, und niemand – außer den FAZ-Herausgebern – sollte Einspruch

Reich-Ranicki mit Joachim Fest

erheben dürfen, niemand den Einfluß schmälern: Reich-Ranicki steckte seinen Claim mit einer Beharrlichkeit und Rigorosität ab, die sich nur aus der Geschichte seiner immer wieder gefährdeten Existenz und seiner Heimatlosigkeit erklären läßt. Es war ihm von Anfang an bewußt, daß ein Literaturredakteur, was Platz- und Themenzuteilung angeht, nicht von der Gnade des Feuilletonchefs abhängig sein darf.

Er wollte sein eigener Herr werden. Also bestand Reich-Ranicki darauf, allein für »Literatur und literarisches Leben« zuständig zu sein (eine Formulierung, die auch innerhalb der Zeitung gern belächelt wurde). Und ruhte nicht eher, bis nach vielen redaktionsinternen Widerständen diese Absprache 1979 auch im Impressum der Zeitung verankert war. Marcel Reich-Ranicki und die »Frankfurter Allgemeine«, die »Zeitung für Deutschland«: Er hatte nicht nur ein Forum, sondern endlich auch die Verfügungsgewalt. Und er hatte Ehrgeiz und Energie, um seinen Literaturteil zum besten in Deutschland zu machen. Natürlich wollte er auch beweisen, welch guter Redakteur in ihm steckt.

Mit ungeheurem Elan beugte er sich während der fünfzehn Jahre im Amt des FAZ-Literaturleiters über fremde Manuskripte, bestellte Texte, schmeichelte und bedrängte, telefonierte und diktierte. Er war mit Inbrunst Redakteur, er scheuchte Sekretärinnen (»Monika, wo bleiben Sie?«) und junge Redakteure herum, brillierte und nervte auf Konferenzen, setzte Mitarbeiter unter Termin- und Qualitätsdruck – Musterfall eines väterlich-autoritären Zirkusdirektors, der die Temperamente zusammen-

Reich-Ranicki mit Siefgried Lenz (1975)

holte, einige wieder verstieß und abstieß, andere lockte und überredete, in einem Blatt zu schreiben, das ihrer politischen Couleur gewiß nicht entsprach.

Er wußte sich auch im täglichen Redaktionsgerangel Respekt zu verschaffen. Eine seiner ersten Amtshandlungen war, einem jüngeren Redakteur die Grenzen zu zeigen: Der hatte sich über eine nicht besonders bedeutende Erzählung auf einer vollen Zeitungsseite auslassen wollen. Auf der schon umbrochenen Seite kürzte ihm der neue Chef die Kritik auf die Hälfte zusammen. Damit gleich Klarheit herrschte. Einen anderen jungen Kollegen verblüffte er eines Tages damit, daß er ihn überraschend ins Zimmer rief: »Setzen Sie sich, mein Lieber!« Dann eine kleine Pause: »Ich habe Ihr neues Manuskript gelesen und bin erstaunt: Das ist gut geschrieben, das ist sogar hervorragend! Mal Hand aufs Herz: Haben Sie das selbst geschrieben?« Das war seine Art, ein Lob auszusprechen, und dann folgte: »Nehmen Sie es gleich in die nächste Nummer! Und nun gehen Sie mit Gott, aber gehen Sie!«

Er konnte sich, aus Prinzip, lebhaft um zwei Zeilen streiten, die bei einem von ihm bestellten Artikel während des Umbruchs von Kollegen aus Platzgründen »eingebracht«, also gestrichen worden waren, ohne daß man ihn gefragt hatte – ein in jeder Redaktion alltäglicher Vorgang. Lieber machte er sich im Kollegenkreis unbeliebt, als auch nur einen Fußbreit zurückzuweichen. Verständnisloses Kopfschütteln begleitete nicht selten solche Auftritte. Wenn ihm eine bestellte Arbeit nicht zusagte, vor allem wenn sie zu akademisch, zu trocken oder zu

umständlich formuliert war, gab er sie mit Kommentaren und Verbesserungswünschen zurück: ohne Ansehen
der Person, selbst den prominentesten Autoren. Das verblüffte und gefiel – den meisten.
Leserbriefe beantwortete er ohne Rücksicht darauf, ob
es die Zeitung einen Abonnenten kosten könnte. Ein
Leser aus Kassel beschwerte sich eines Tages, die FAZ
habe ein irreführendes Foto von Böll gebracht, der ohnehin zu freundlich behandelt werde: Der reiche Schriftsteller sei mit Cordjacke auf dem Balkon eines Mietshau-
ses abgelichtet worden, wo doch jeder wisse, daß er
Güter im Ausland besitze. Reich-Ranicki gab knapp und
sachlich zurück: »Ihre Vermutung ist richtig, daß es Heinrich Böll finanziell gut geht. Auf seine Kleidung haben
wir leider keinen Einfluß und glauben, daß es zu den
Rechten der Bürger dieses Landes gehört, mit oder ohne
Krawatte zu gehen. Auch können wir nichts daran ändern, daß Heinrich Böll in einem Haus in Köln wohnt,
das so aussieht wie auf unserem Bild.«
Gelegentlich – doch viel seltener als allgemein angenom-
men – schrieb er einen seiner legendären Verrisse. So
über Martin Walsers Roman »Jenseits der Liebe«. Wie
manches bis ins Lächerliche Überzogene hatte auch der
Auftakt dieser Walser-Schelte aus dem Jahr 1976 einen
enormen Vorteil: Er prägte sich ein. »Ein belangloser, ein
schlechter, ein miserabler Roman.« Unvergeßlich. Und
gleich noch eins drauf: »Es lohnt sich nicht, auch nur ein
Kapitel, auch nur eine einzige Seite dieses Buches zu
lesen.« Das war – Geschmacksurteile in allen Ehren – reiner Unfug, und es wäre auch mit Proben aus dem Roman

nur schwer zu belegen gewesen. Aber es klang gut. Und machte nicht nur dem Dichter Magenschmerzen.

Große Entrüstung landauf, landab. Vor allem daran entzündete sich im linken publizistischen Milieu die Wut: Der Kritiker hatte durchblicken lassen, was er von des Dichters Flirt mit der DKP hielt, nämlich nichts. Er nannte Walser einen »geistreichen Bajazzo der revolutionären Linken in der Bundesrepublik Deutschland«, einen »heiteren Plauderer mit der roten Fahne in der Hand« und bezweifelte, daß der Kommunismus für Walser, anders als für andere Autoren, eine »ernste, eine große Sache« sei. »Jetzt reicht's, Ranicki«, drohte daraufhin die Zeitschrift »konkret«. Reich-Ranicki, dem Mann, der das Warschauer Ghetto überlebt hatte, wurde allen Ernstes 1976 in einem deutschen Blatt der »Anspruch auf bloß literarische Befassung« abgesprochen: »Fragen der Hygiene verlangen nach anderen Antworten. Im Wiederholungsfall werden sie gegeben werden.« Eine anmaßende, unglaubliche Drohung, die zum Glück viele Verteidiger auf den Plan rief. Doch Reich-Ranicki stand als Angestellter der FAZ in jenen Jahren automatisch unter Rechtsverdacht. Es schien bisweilen so, daß mancher Linke es bedauerte, in seinem Fall nicht, wie ansonsten beliebte Praxis, auf »Faschist« erkennen zu können. Immerhin wurde das Spiel so weit getrieben, der inkriminierten Walser-Kritik »Schrifttumskammerton« (»konkret«) zu unterstellen oder ihren Verfasser – in Anspielung auf den Filbinger-Rücktritt – einen »furchtbaren Kunst-Richter« (»Spiegel«) zu nennen.

Nun hatte sich der Literaturchef schon lange vor seiner Frankfurter Bestallung, ohne je die eigene politische Vergangenheit zu verschweigen, zum Gegner des Kommunismus gewandelt – wobei ihm bis heute alles, was nach Rechtsextremismus, Neo-Nationalsozialismus oder Faschismus aussieht, das größere Greuel ist. Die Kommunisten haben ihn ins Gefängnis gesteckt und ihm ein befristetes Schreibverbot auferlegt, die Nazis aber seine Eltern und seinen Bruder umgebracht.

Was seine Gegner nicht wissen konnten: In den Chefetagen der FAZ galt Reich-Ranicki zur gleichen Zeit als linker Vogel und unbequemer Fragensteller. In der internen Diskussion um den damals viel beredeten und von den politischen Leitartiklern der Zeitung begrüßten »Radikalenerlaß« etwa war der Literaturmann von großer Heftigkeit. Der Beschluß sei dumm und schädlich, versuchte er den Hardlinern im Blatt auf Konferenzen immer wieder einzubleuen. Und auf seine Dichter, die sich damals – wie Walser – größtenteils für links hielten, ließ er schon gar nichts kommen, auch wenn ihre Erklärungen und Solidaritätsadressen nicht selten auf das Unverständnis der politischen Redakteure stießen. Es sei die Aufgabe der Schriftsteller, empört zu sein, wurde er nicht müde, im FAZ-Haus an der Hellerhofstraße zu erklären. Und als 1977 – zur RAF-Zeit – deutsche Schriftsteller kurzerhand zu Sympathisanten des Terrors gestempelt wurden, nahm er auch öffentlich Stellung: »Böll wird diffamiert«, so war sein FAZ-Kommentar überschrieben. Und der war nicht nur zum Fenster hinaus gesprochen.

Es gelang Reich-Ranicki – zum Ingrimm seiner Gegner in Hamburg und anderswo – mit großer Beharrlichkeit, Autoren, die damals als links galten, als Mitarbeiter zu gewinnen: Heinrich Böll, Erich Fried, Hans Magnus Enzensberger, Walter Jens, Peter Rühmkorf und Peter Weiss. Er zahle Bestechungsgelder, hieß es dann – wo es doch nur darum ging, ein anständiges Honorar für seine Mitarbeiter herauszuschlagen. Auch ehemaligen Kontrahenten wie Baumgart oder Blöcker gab er Aufträge (letzterem verschaffte er ohne viel Aufhebens eine FAZ-Altersrente).

Gewiß: Der Literaturchef beschäftigte linke Mitarbeiter schon deswegen gern, um seine Feinde zu beschämen. Doch es kam wohl noch mehr dazu, so etwas wie eine stille Neigung – vor allem zu jenen undogmatischen Linken, die Schwierigkeiten mit dem eigenen Lager hatten oder sogar schon auf dem Absprung waren. Sozialisten schätzte er besonders dann, wenn sie nicht Moskaus Stimme waren. Das hatte mit seiner eigenen Geschichte zu tun.

Einer seiner geschätzten Mitarbeiter, einer, den er immer wieder auch als Dichter gerühmt hat, machte sich in seinem Tagebuch darüber Gedanken: Peter Rühmkorf. Am 8. März 1989 heißt es in »TABU I« (erschienen 1995): »Er ist ein Renegatenmacher, der versucht, schwankend gewordene Sozialisten/Kommunisten im Sinne seiner Biografie zu knicken und sie über ›FAZ‹-Beiträgerschaft und Preiszuwendungen auf den rechtsliberalen Tugendpfad zu lenken. So früher bereits Erika Runge, Martin Walser, Erich Fried, Franz Xaver Kroetz, Peter Maiwald,

Ulla Hahn – und natürlich auch mich. Man darf sich nur nicht gerade als auf die Dauer unerziehbar erweisen.« Günter Grass äußerte sich 1990 in einem Interview ganz ähnlich über Reich-Ranicki: »Wie viele Konvertiten neigt er dazu, zum Fanatiker zu werden und schlägt zurück: gegen seine eigene politische Herkunft in der Nachkriegszeit, und er benutzt dazu die Literaturkritik.«

Reich-Ranickis oft belächelte Hymnen auf die Lyrik von Ulla Hahn und noch mehr auf die von Peter Maiwald (über beide veröffentlichte er seitenfüllende Aufmacher in Literaturbeilagen) mögen auch in diesem Zusammenhang zu sehen sein. Streng hingegen ging er mit jenen ins Gericht, die nicht auf ihn hören wollten – in jenen Tagen etwa Martin Walser.

9. Der Feind, der Todfeind

Zählt Reich-Ranicki zu jenen »Genies der Kritik«, die, wie Moritz Heimann, einer der Altväter des Rezensionswesens, schon vor rund 100 Jahren feststellte, »in Deutschland seltene Vögel« seien? Nicht daß er geirrt hat, kann ein Vorwurf sein. Höchstens, daß er für Wesentliches kein Gespür entwickelt. Und daß er es seinen Lesern zu leicht macht, daß er vereinfacht und verkürzt, daß er aus der Literatur etliches ausgrenzt, was Mühe machen könnte. Das ist oft behauptet worden. Vor allem Schriftsteller haben immer wieder mit ihm gehadert: Die Verletzungen, die Reich-Ranicki mit seinen Verrissen mancher Dichterseele zugefügt hat, gehen tief. Als »unbarmherzig« und »oft ahnungslos« hat der Schweizer Adolf Muschg, Jahrgang 1934, die »Schärfe« des Kritikers gegeißelt. Die Fixierung der Schriftsteller »auf diesen Mann« sei ein »Unglück deutscher Kultur«. Und der 1942 in Österreich geborene Peter Handke schrieb 1968 (»Marcel Reich-Ranicki und die Natürlichkeit«), Reich-Ranicki fühle sich sicher, »weil er auf das Einverständnis vieler hoffen kann« – und sei doch »der unwichtigste, am wenigsten anregende, dabei am meisten selbstgerechte deutsche Literaturkritiker seit langem«.

Zwölf Jahre später ließ Handke – frei nach dem Goethe-Wort: »Schlagt ihn tot, den Hund! Es ist ein Rezensent« – wahre Haßphantasien von der Leine. Als Wachhund auf dem Hof einer Kaserne der Fremdenlegion geistert Reich-Ranicki durch Handkes Buch »Die Lehre der Sainte-Victoire« (1980). Der Ich-Erzähler, auf Wanderschaft in Frankreich, erkennt in dem Hund »sofort meinen Feind« wieder: »Ich kann nicht weiter, ehe ich den nicht los bin.« Der Wanderer kann sich dennoch von dem bellenden »Leithund« nur schwer abwenden (die übrigen Hunde läßt Handke in einigem Abstand und »eher temperamentlos« bellen): Die beiden können »nur noch auf ewig Todfeinde sein«. Doch zu sehen sei »auch die Qual des Tiers, in dem sich gleichsam etwas Verdammtes umtrieb«, heißt es in einer mehr als heiklen Parallele zu Reich-Ranickis Biographie: Der feindliche Hund habe »in seiner von dem Ghetto noch verstärkten Mordlust jedes Rassenmerkmal verloren« und sei nur noch »im Volk der Henker das Prachtexemplar«. Finstere Rachegelüste eines Schriftstellers? Handke bestätigte das. »Ja, das hat mir unglaubliches Vergnügen bereitet.« Er erklärte 1988 in einem »Zeit«-Interview, ihn habe Ende der siebziger Jahre sehr beschäftigt, was der Kritiker über ihn schrieb: »Er dachte, nun hätte er mich endgültig zur Strecke gebracht.« Doch weit gefehlt: »Da habe ich mir gesagt, na, jetzt werden wir mal schauen.« Auch seine Kollegen maßregelte der Dichter: »Ich kenne viele, die finden ihn amüsant. Die haben gar keinen Stolz.« Dabei: »Ich glaube, daß ihm der Geifer noch immer von den Fangzähnen tropft.« Er würde es nicht bedauern, so Handke im Interview, »wenn der einmal stirbt«.

Noch einmal sechs Jahre später, in seinem Kolossalwerk »Mein Jahr in der Niemandsbucht« (1994), gibt sich Handke entspannter: Der Ich-Erzähler Gregor Keuschnig bezeichnet den Kritiker als den »schlauesten und zugleich beschränktesten«. Handke unterstreicht – postmodernes Späßchen – mit einem Zitat aus einer Handke-Kritik Reich-Ranickis noch einmal, wer hier gemeint ist. Wenige Seiten später heißt es dann über den Kritiker: »Und wie immer verlor er, der sonst bewährte Schnüffler und Reißer, die Fährte bei den Sachen, die zählten, indem diese nämlich beinah duftlos sind.« Selbstverteidigung eines Schriftstellers? Jedenfalls der Wunschtraum, es möge der Tag kommen, da in Deutschland mächtig »das Verstehen« umgeht, die Journalisten gewisser Zeitungen (gemeint: der FAZ) hinter ihren Büroscheiben »tonlos« bleiben und »mein einstiger Feind, weiter aktiv bei seinem Bücher-Vernehmen und -Ausschnüffeln«, kein Publikum mehr findet. Am Schluß verurteilt Handke den »Buchseibeiuns« in seiner Phantasie zu Gängen »in die von ihm verabscheute Natur« – mit dem überflüssigen Zusatz: »außerhalb seines Ghettos«. Reich-Ranicki reagierte zunächst souverän und sagte kurz nach Erscheinen der »Niemandsbucht« in einem Interview: »Handkes Seitenhiebe schmerzen mich überhaupt nicht, aber – das will ich nicht verheimlichen – es ärgert mich doch, daß in seinem Buch die gegen mich gerichteten Passagen besonders schlecht geschrieben sind.« Reich-Ranicki glaubt, für Handkes »Haßausbrüche« einen einfachen Grund zu sehen: »Ich habe einige seiner Bücher skeptisch beurteilt, manche unmißverständlich abgelehnt.« Und im folgenden TV-»Quartett« wurde »Mein Jahr in der Niemandsbucht« dann von ihm wütend niedergemacht.

Handkes Ausfälle sind nicht die einzigen Spiegelungen des Kritikers in der deutschen Gegenwartsliteratur. Reich-Ranickis Erfahrungen nach der Flucht aus dem Warschauer Ghetto nahm sich – auf seriösere Weise – Günter Grass schon 1972 in seinem Band »Aus dem Tagebuch einer Schnecke« zum Vorbild: für die Lebensgeschichte einer Figur namens Hermann Ott, auch »Zweifel« genannt. Grass machte daraus kein Geheimnis. »Auch wenn ich ihn erfinden muß, es hat ihn gegeben«, heißt es im Buch. Reich-Ranicki – »dessen Geschichte hier aufersteht« – habe dem Romancier Jahre zuvor vom Überleben in einem Versteck erzählt, berichtet der Erzähler. Als Dank schenkte der Romancier dem Kritiker übrigens nach Erscheinen des Werkes eine Radierung aus eigener Produktion, versehen mit einer feinsinnigen

Widmung, die Reich-Ranicki gern aus dem Kopf zitiert und ob ihrer Doppeldeutigkeit bewundert: »Für meinen Freund (Zweifel) Reich-Ranicki!«

Ohne jede Verkleidung taucht der Kritiker in Hubert Fichtes postum erschienenem Roman »Der kleine Hauptbahnhof« (1988) auf – als Kritiker bei einem Treffen der »Gruppe 47«: »Günter Grass sitzt rechts vorne an der Wand. Alle sehen zu ihm hin. Reich-Ranicki möchte es Grass nachmachen und setzt sich vorne links hin. Aber da guckt keiner hin.« Bei Premieren im Hamburger Schauspielhaus, heißt es weiter, sei es die Regel, daß er – »kurz bevor es dunkel wird« – aufstehe: »Reich-Ranicki tut dann so, als suche er angestrengt eine Geliebte in den hinteren Reihen. Alle haben ihn gesehen, und auf den Gongschlag setzt er sich wieder.« Ein Miniaturporträt aus den Hamburger Jahren des Kritikers.

Bei Martin Walser heißt er Willi André König, genannt »Erlkönig«. Dessen kritische Genialität sei es, belehrte der Romancier 1993 in seinem Roman »Ohne einander«, »Sätze eines Autors so in den Dienst zu nehmen, daß sie nur noch gegen den Autor sprechen«. Wenn der einmal lobe, sei er »noch vernichtender, als wenn er vernichtet«. Und: »Die Verlagsreklamen triefen von solchen Erlkönigzitaten.« Keine Frage, wer da gemeint ist. Das Beispiel, das Walser für solche in der Werbung verwendbaren Zitate gibt, stammt in der Tat von keinem anderen als Marcel Reich-Ranicki: Die Prosa eines amerikanischen Autors (gemeint John Updike) gehöre »zum Unterhaltendsten, was sich in der Weltliteratur unserer Jahre finden läßt«. Walser im Roman: »Vor einer solchen Banalitätspotenz plus Potenzbanalität muß man sich fürchten.« Zum Fürchten schien der Kritiker dem Schriftsteller schon früher. Durch zwei Walser-Erzählungen geistert Reich-Ranicki als Inspektor, dessen Kopf »eine ziemlich vollkommene Kugel« sei: »Wir sind Gegner, nur einer von uns wird den Kampf überleben.« Der Inspektor jagt jene, deren Verbrechen Kunstwerke sind: »Von dem ertappt zu werden, das ist der Inbegriff der Erniedrigung.« Aber andrerseits: Nichts entsetzlicher für den Verbrecher-Schriftsteller als die Vorstellung, der Inspektor könnte das Interesse an ihm verloren haben. »Das ist für einen, dem das Verfolgtwerden zum Lebensinhalt geworden ist, offenbar das Schlimmste.«

Marcel Reich-Ranicki als Romanheld und Figur der Phantasie: auch eine Art, sich gegen einen scheinbar Übermächtigen zu behaupten – die Möglichkeit des Schriftstellers, das letzte Wort zu behalten. Oder? In einem Interview sagte Walser bald nach Erscheinen seines Romans »Ohne einander«: »Wenn die Formel stimmt, je berühmter, um so gieriger, dann müßte Reich-Ranicki der Gierigste sein, denn er ist ohne Zweifel zur Zeit der Berühmteste überhaupt.« Er, Walser, sei längst nicht so berühmt wie der Kritiker seiner Bücher. Bei nächster Gelegenheit nahm Reich-Ranicki seinerseits dazu Stellung: »Daß Walser in seinem Roman einen Kritiker erwähnt, der ihn als plaudernden Schriftsteller abwertend charakterisiert hat, wird mich nicht hindern zu sagen, daß das Hauptelement der Epik von Martin Walser diese große Plauderei ist.«

Reich-Ranicki mit Martin Walser (1978)

Zugleich ließ er durchblicken, daß er sich nicht ungern als Walser-Held sieht: »Im allgemeinen schreibt er, wenn er auf mich zu sprechen kommt, gar nicht schlecht.« Und was Walsers Spott über den Updike betreffenden Satz angeht, so gab Reich-Ranicki sich gelassen: »Ein schlichter Satz. Ich habe ihn in der Tat geschrieben.« Der »Punkt« sei, daß er ihn eben über Updike und nicht über Walser geschrieben habe: »Und das ist der Schmerz.« Auf diese Reaktion in der ZDF-Sendung »Literarisches Quartett« antwortete wiederum Walser im Fernsehen: »Wahnsinn. Ich habe diesen Satz natürlich zitiert, weil er so ungeheuer flach ist!« Das sei »so richtig der Großton des Getöns«, habe er gedacht. »Und Sie sehen, ich habe gar keine Reflexion angeregt. Sondern er findet, ich habe den Satz zitiert, weil er nicht über mich ist.« Da kann der Romancier nur noch resignieren: Gegen ihn, Reich-Ranicki, ist nicht anzukommen – auch nicht, schon gar nicht mit den Mitteln der Literatur.

Auch Kritiker kämpfen gegen den »Lautesten« (so der Schriftsteller Eckhard Henscheid) am Ende wohl vergeblich an – zumal der Verdacht stets naheliegt, es regiere auch Neid ins kritische Wort hinein. Reinhard Baumgart, der ihn schon früh attackierte, legte später noch einmal nach und charakterisierte Reich-Ranicki als »eine Mischung aus Staatsanwalt und Clown«, dessen Wirkung oft »schreckliche Folgen« für das Schicksal eines Autors habe. Noch deutlicher war schon 1977 Wolfram Schütte in der »Frankfurter Rundschau« bei einem immerhin ganzseitigen Verriß von Reich-Ranickis Essaysammlung »Nachprüfung« geworden: »Die Übersetzung der Literatur in die Sprache und das Denken dieses Rezensenten ist ihr Kältetod, ihre Erledigung.« Reich-Ranicki schreibe »anmaßend, schulmeisterlich und literarisch verheerend«. Fazit: Es gebe leider auch Liebhaber der Literatur, die ihr Verhängnis seien. »So einer ist er.«

Ist er so einer? Schadet Reich-Ranicki mit seinem Wirbel und Getöse der Literatur: er, der – wie er einmal über Karl Kraus geschrieben hat – »genialische Alleinunterhalter«, er, der – so Friedrich Luft über ihn – »Vorleser der Nation«, der »Kahlschläger« (»Wiener«), der »Terminator der deutschen Literaturwelt« (»Quick«), der »Flachmann als Erzieher« (»konkret«), er, das »Gesamtkunstwerk Kritiker« (»Neues Deutschland«)? Richtig daran ist, daß er bisweilen lieber die Dampfwalze als das Seziermesser bemüht. Richtig ist, daß er zuspitzt und vereinfacht. Und daß er seine Aufgabe mit dem großen Vorbild Friedrich Schlegel im »Wegräumen des Mittelmäßigen« sieht, im Bekämpfen der »Masse des Falschen«, um Raum zu schaffen »für die Keime des Besseren«. Oder, wie Reich-Ranicki es 1978 »in der Sprache unserer Epoche« sagte: Aufgabe der Kritik sei auch »die Müllabfuhr«: »Wir müssen uns unentwegt damit befassen, das Schlechte von uns zu drängen.« Er sieht auf Ordnung in seinem Haus, dem der deutschen Literatur. Überschaubar soll es bleiben. Er bedient die Sehnsucht vieler Menschen nach – so das Soziologenwort – »Reduktion von Komplexität«. Er sortiert gern aus. Nicht jeder mag unaufgeräumte Schubladen. Das ist nicht unbedingt ein Ausweis für differenzierte, das Für und Wider abwägende Literaturkritik – aber es ist kaum zu leugnen, daß er auf diese Weise auch Leser (und Fernsehzuschauer) anzieht, die anders für Literatur vielleicht nicht zu gewinnen wären. Wie groß dieser Gewinn am Ende – jenseits der für Autoren gewiß wichtigen Verkaufszahlen – zu Buche schlägt, ist eine Frage, die leicht ins Spekulative führt. Als ihn 1986 der Literaturkritiker Peter von Matt in einem längeren Interview nach seinem Ordnungssinn fragte, gab Reich-Ranicki eine freizügige Antwort: »Ordnungssinn? Vielleicht ist es sogar Angst vor der Willkür, vor der Anarchie.«

Entwaffnend ist immer wieder seine Offenheit. Er bekennt sich zu Lücken, und auf die Frage, was er gern sein würde, antwortet er schlicht: »Ein deutscher Literaturkritiker, doch erheblich intelligenter, begabter und gebildeter, als ich es bin.« Andrerseits ist er belesen wie kaum einer in seiner Zunft – und er besitzt ein umwerfend präzises Gedächtnis, das ihn über Jahreszahlen, literarische Figuren und Details aus Schriftstellerviten gebieterisch verfügen läßt. Im übrigen: Bestimmte Dichter gefallen ihm eben besser als andere – was wäre dagegen zu sagen? Bertolt Brecht, der Lyriker, ist ihm näher als Rilke, Kleist ihm lieber als Hölderlin. Er schätzt, so etikettiert er – mit Brecht – seine Wahl, lieber die »der Aufklärung verbundene« als die »sakrale« Literatur. Seine Favoriten sind Lessing, Goethe, Büchner, Heine, Fontane, Thomas Mann. Unbehagen bereiten ihm neben Hölderlin und Rilke auch Klopstock, Stefan George, Trakl und Paul Celan.

Streng und unerbittlich freilich verfuhr er auch mit dem gewiß nicht »sakralen« Autor Heinrich Mann: Der 1987 in der FAZ zuerst (und später vollständig in seinem

Buch »Thomas Mann und die Seinen«) publizierte »Abschied nicht ohne Wehmut« kam einer Verbannung aus der Literatur gleich – damals immerhin ein gewagter Schritt gegen den Trend. Und ein später Widerruf der eigenen, ideologisch bestimmten Wertschätzung mehr als 30 Jahre zuvor. Gewiß ist auch der Ausfall gegen Christa Wolf im selben Jahr von daher zu verstehen. Die Schärfe gegen die angebliche »DDR-Staatsdichterin« mag sich aus der Erinnerung an die eigene Treue zum Sozialismus zu Beginn der fünfziger Jahre erklären. Dabei unterlief Reich-Ranicki einer der wenigen faktischen Irrtümer seiner Journalisten-Karriere. Er behauptete, Christa Wolf habe später ihre Unterschrift unter die Biermann-Petition des Jahres 1976 wieder zurückgezogen (ein von der Stasi gestreutes Gerücht, wie sich nach der Vereinigung herausstellte) – und fand danach nie ein Wort des Bedauerns für diesen Fehler. Freilich sollte nicht vergessen werden: Diese Attacke auf Christa Wolf fand drei Jahre vor dem Ende der DDR statt, als es zumindest noch überraschend war, den literarischen Rang der Autorin so gründlich in Frage zu stellen.

Reich-Ranicki schätzt Schriftsteller nicht besonders, die ihren Staat und das Vaterland besingen. Und schon gar nicht mag er »die großen Seher«. Er mißtraue – sagte er in einer Rede über Hölderlin – »den Orakelsprüchen und allen, die als Priester des Gottes im Wahnsinn fungieren«. Gewiß, wenn er die autobiographische Begründung nachschiebt, ist ihm daraus schwer ein Vorwurf zu machen: »Noch sehe und höre ich die Halbwüchsigen in HJ-Uniform, die, verzückt und ekstatisch, Hölderlins

Verse rezitierten.« Eine Vereinfachung und Verkürzung gleichwohl. Besonders fragwürdig wird das Schema von »sakral« hier und »aufklärerisch« da, wo es um Gegenwartsautoren geht. Peter Handke, ein »beschwörender Prediger und raunender Heilsverkünder«? Botho Strauß, der Mann für das »Tiefsinnig-Aparte«? Die Etiketten (aus Buchkritiken) sind allzu oberflächlich – und auch sonst wirken die Annäherungen Reich-Ranickis an diese beiden Gegenwartsautoren nicht selten voreingenommen.

Schadet er der Literatur? So allgemein gesagt, ist das reiner Unsinn. Aber manchen Schriftsteller, den er anspornen will, entmutigt er vielleicht gerade durch seine Art des Lobs, durch eine fehlgehende Erwartung. Daß Strauß »eine große Hoffnung unserer Literatur« sei, schrieb er noch 1977 in einer Eloge auf dessen Erzählung »Die Widmung« – die damit verbundene Hoffnung, daß von diesem Dichter vielleicht »der Roman seiner Generation« kommen werde, hat den Betroffenen offensichtlich nicht ermuntert, sie zu erfüllen. Zumindest nicht im Sinn des Kritikers, der Jahre später den Strauß-Roman »Der junge Mann« (1984) vernichtend abstrafte. Reich-Ranicki hatte zunächst offenbar die Absicht, den Autor zu fördern, der »eine außerordentliche Sensibilität für Psychologisches mit der exakten Beobachtung von Alltäglichkeiten zu verbinden weiß« – doch war das nicht der Weg, den der Schriftsteller weiterhin beschreiten wollte. Die Enttäuschung muß für den Kritiker um so größer gewesen sein, als er mit seiner – sehr einfühlsamen – Besprechung der »Widmung« in der FAZ auch die

Hoffnung verbunden haben mag, in Strauß, Jahrgang 1944, eine Gegenfigur zu Handke, Jahrgang 1942, gefunden zu haben. Besonders deutlich wurde der Versuch, den einen gegen den anderen auszuspielen, in einem Überblicksartikel aus Anlaß der Frankfurter Buchmesse 1977. Strauß sei, »was der kaum ältere Peter Handke einmal war: eine große Hoffnung unserer Literatur«. Handke dagegen habe seit einiger Zeit den fragwürdigen Ehrgeiz, den Lesern ein trauriges Schauspiel zu demonstrieren: »den Verfall eines Talents, dessen Größenwahn jegliche Selbstkontrolle ausgeschaltet hat«. Anlaß für diese Abmahnung war – nach der »liederlich-kitschigen« Erzählung »Die linkshändige Frau« (1976) – nun das Erscheinen des Tage- und Notatbuchs »Das Gewicht der Welt«. Das Skizzenhafte und Ungeordnete dieses Werks war Reich-Ranickis Sache nicht.

Über Tagebücher und Arbeitsjournale hat er sich nur gelegentlich geäußert (bei Bertolt Brecht etwa, bei Max Frisch oder Thomas Mann) – Notate und Skizzen machen ihn skeptisch, der Verwendung von Dokumenten, Zitatmontagen oder Protokollen, wie sie eine Zeitlang in der deutschen Literatur in Mode waren, steht er grundsätzlich mißtrauisch gegenüber: Machen es sich die Schriftsteller da nicht ein bißchen einfach? Scheuen sie vielleicht die Anstrengung eines Werks? Reich-Ranicki argumentiert geschickt: »Natürlich sind Montage und Collage durchaus legitime und längst erprobte Ausdrucksmittel der Literatur, vor allem der Epik«, schrieb er 1974 (aus Anlaß von Alfred Anderschs Roman »Winterspelt«). Und: »Ergibt die Übernahme verschiedener Elemente, die in der

Regel als Versatzstücke dienen, ein Ganzes, also mehr als die Summe der einzelnen Bestandteile, dann ist die Methode sinnvoll und gerechtfertigt.« Wenn aber nicht? »Dann werden wir an die simple Tatsache erinnert, daß es immer leichter ist, einige Seiten Prosa auszuwählen und zu montieren, als zu schreiben.«

Das ist natürlich nicht falsch, und es ließen sich leicht Dutzende von deutschen Prosawerken vor allem aus den sechziger und siebziger Jahren aufzählen, die, heute längst vergessen, dem Prinzip Collage aus modischer Bequemlichkeit und Mangel an Phantasie huldigten. Doch so berechtigt dieser Verdacht auch immer sein mag, er sollte nicht den Blick auf die Möglichkeiten der Methode verstellen, die immerhin ein so bemerkenswertes Werk wie Walter Kempowskis »Echolot« (1993) hervorgebracht hat, eine mehrbändige Zitatsammlung, fast ohne Zusätze des Autors, eine vielstimmige Komposition – die Reich-Ranicki dann auch prompt nicht als Literatur akzeptieren wollte.

Ähnlich ablehnend war schon zwei Jahrzehnte zuvor, 1970, das Urteil über den ersten Band von Uwe Johnsons Romanfolge »Jahrestage« ausgefallen, ein Werk, das ebenfalls von ausführlichen Zitaten und Dokumenten lebt. Überhaupt schien der Zyklus dem Kritiker zu breit angelegt zu sein: »Epische Riesenfresken«, so sein Grundsatzurteil, »gehören längst der Vergangenheit an, auch wenn sie immer wieder einmal vorkommen.« Johnsons Erzählweise ergab für ihn nichts als »mühselige Prosa«. Und schlimmer noch (der altbekannte Vorwurf): »Indem die gekünstelte Sprache die Vorgänge und Verhältnisse mystifiziert, entwertet oder entschärft sie die Gesellschaftskritik.« Reich-Ranicki ist später auf Johnsons Romanzyklus, der 1983 abgeschlossen wurde, nicht mehr zurückgekommen und diesem Werk nicht gerecht geworden. In einer öffentlichen Veranstaltung in Gütersloh ließ er 1993 ein Unbehagen am eigenen Urteil durchblicken – ohne sich freilich direkt zu korrigieren: »Ich bereue, daß ich den letzten Band nicht rezensiert habe, weil der letzte Band fabelhaft ist. Beim ersten Band, den ich verrissen habe, vermutete ich, daß aus der Tetralogie nichts werden würde. Ich finde diesen ersten Band immer noch ganz schlecht; auch der zweite und der dritte sind nicht gut. Der vierte, der politische, ist der weitaus bedeutendste. Und es war ein Glück, daß Johnson kurz vor seinem Tod einen solchen Erfolg erleben konnte.« Der Gerechtigkeit halber muß hinzugefügt werden, daß Reich-Ranicki der erste Kritiker in Deutschland war, der 1959 – im »Sonntagsblatt« (also noch vor seinem »Zeit«-Engagement) – auf den jungen Johnson lobend hingewiesen hatte. Dessen Roman »Mutmaßungen über Jakob« beschrieb er damals schon in paradoxer Formulierlust: »Dieses Buch ist eine Provokation und eine unglaubliche Zumutung. Dieser Anfänger ist eine ganz große Hoffnung.« Der Autor, prognostizierte der Kritiker wagemutig, werde seinen Weg gehen.

Ein positiver oder negativer Einfluß Reich-Ranickis auf die schriftstellerische Produktion ist – wie sollte es anders sein – schwer nachzuweisen. Hat der hauptsächlich von ihm ausgehende Erwartungsdruck den Romancier Wolfgang Koeppen daran gehindert, eines der vielen

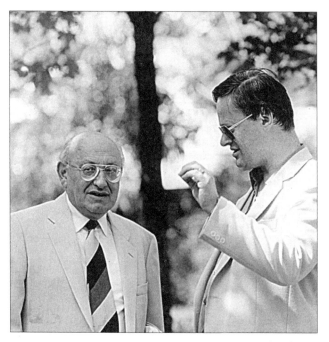
Reich-Ranicki mit Hermann Burger in Klagenfurt (1985)

Reich-Ranicki mit Wolfgang Koeppen (1985)

größeren Prosaprojekte zu verwirklichen? Oder hätte der, umgekehrt, ohne die Ermunterung überhaupt keine Zeile mehr geschrieben? Reich-Ranicki hat Koeppen immerhin zahlreiche Beiträge und Essays für die FAZ abgerungen (die den größten Teil eines 1981 von Reich-Ranicki herausgegebenen Koeppen-Sammelbands ausmachen: »Die elenden Skribenten«). Sein unermüdlicher Einsatz für die Favoriten steht außer Frage. Dem Schweizer Autor Hermann Burger verschaffte er Literaturpreise und einen günstigen Pauschalvertrag mit der FAZ; vergeblich versuchte er ihn in zahllosen Telefongesprächen und Begegnungen, aus einer mit Arbeitsstörungen einhergehenden, am Ende selbstmörderischen Depression zu befreien. Reich-Ranicki kennt seine Grenzen. Den unmittelbaren Einfluß eines Kritikers auf die Entwicklung eines Schriftstellers hält er (»in der Regel«) für verschwindend klein – und im übrigen für nicht wünschenswert.

Reich-Ranicki gilt als strenger und entschlossener Kritiker. Seine Unsicherheit, ja Unentschlossenheit fällt, da zumeist routiniert überspielt, den Wenigsten auf. Spürbar ist das Zögern und Zurückweichen freilich nicht nur in den frühen polnischen Arbeiten, nicht nur in der »Blechtrommel«-Kritik aus dem Jahr 1960. Typisch etwa auch das Fazit der Rezension von Hubert Fichtes Roman »Die Palette«. »Wie gesagt: ein anfechtbares Buch«, hieß es da 1969. »Indes: Es erweitert unsere Erfahrung. Und stößt in bisher unbekannte und unerforschte Bereiche vor.« Der Kritiker, der sich gern als Vertreter des entschlossenen Ja oder Nein hinstellt, nimmt gar nicht so selten beim Einerseits-Andererseits Zuflucht. Das kann sogar groß inszeniert sein und die einzelne Kritik übergreifen: Nachdem Reich-Ranicki 1976 Martin Walsers Roman »Jenseits der Liebe« unverhältnismäßig getadelt hatte, lobte er – ebenso hemmungslos – zwei Jahre später dessen Novelle »Ein fliehendes Pferd« und ließ das »Glanzstück deutscher Prosa dieser Jahre« in der FAZ als Fortsetzungsroman drucken. Angeblich hatte Walser nun plötzlich nicht mehr den Ehrgeiz, »mit der Dichtung die Welt zu verändern«. Statt dessen wolle der Schriftsteller »nur ein Stück dieser Welt zeigen«. Und: »Mehr sollte man von der Literatur nicht verlangen.« Mit anderen Worten: Walser hatte in den Augen des Kritikers seine Lektion gelernt. Und zwar dieselbe, die Reich-Ranicki selbst hatte lernen müssen, auf dem langen Weg vom marxistischen Kritiker in Polen zum Literaturchef der FAZ.

10. »Maßstäbe? Bei Gott, ich habe keine«

Natürlich gibt es auf der literaturkritischen Landkarte Reich-Ranickis weiße Flecken. Über manche Autoren hat er wenig, über andere gar nichts geschrieben. Einige Schriftsteller liegen ihm einfach nicht, Hans Henny Jahnn etwa oder Walter Kempowski, andere – wie Helmut Heißenbüttel oder Ror Wolf – mögen ihm zu experimentell sein. Einige Lücken bei den Großen dieses Jahrhunderts hat er in seinem Band »Nachprüfung« (1977) zu schließen versucht. So gibt es darin etwa einen

Aufsatz über den Dichter Kafka, der anhand seiner »Briefe an Ottla und die Familie« als »Kafka, der Liebende« porträtiert wird. Aber auffällig ist auch, wie beharrlich Reich-Ranicki immer wieder auf Schriftsteller angesprochen wird, über die er nichts oder zu wenig geschrieben hat. Enthalten solche Fragen nicht auch uneingestanden eine Anerkennung seiner Autorität? Den geheimen Wunsch, der Übervater der Kritik möge doch bitte auch dies und das noch bewerten und einordnen? Oder ist der Hinweis auf die Leerstellen eher eine Reaktion auf Reich-Ranickis rhetorische Auftritte, die Unfehlbarkeit suggerieren (und also mehr oder weniger von der Kenntnis des Ganzen ausgehen müßten)? Schwer denkbar ist jedenfalls, daß bei einem seiner Kollegen eine ähnliche Rechnung aufgemacht würde.

Ein geschlossenes System, eine umfassende Theorie wird man bei ihm nicht finden. Damit möchte er auch gar nicht dienen. Der gute Kritiker, so Reich-Ranickis Überzeugung, muß seine Maßstäbe stets neu am Einzelfall entwikkeln und demonstrieren, muß die eigenen Kriterien mit jedem neuen Buch prüfen und korrigieren. Vor allem habe die Kritik der Dichtung keine Vorschriften zu machen: »Erst kommt die Poesie und dann die Theorie«, ist sein Credo. Er zitiert in diesem Zusammenhang gern eine Fontane-Figur aus dem »Stechlin«, den Kritiker Niels Wrschowitz (der übrigens aus Polen stammt und in Berlin lebt), mit den Worten: »Erst muß sein Kunst, gewiß, gewiß, aber gleich danach muß sein Krittikk.«

Kritik muß sein, das sieht Reich-Ranicki genauso. Kritik – und keine Kunstbetrachtung, wie sie die Nazis bevorzugten. Keine Lobhudeleien und falschen Rücksichtnahmen. Für ein deutliches Wort ist dieser Kritiker stets zu haben gewesen. Und auch wenn er es heute nicht mehr so gern hört: Der Titel »Lauter Verrisse«, den er 1970 einer entsprechenden Sammlung seiner Buchkritiken mit auf den Weg gab, ist zu seinem Markenzeichen geworden. Im Vorwort berief sich Reich-Ranicki auf Fontane, der selbst lange Jahre Kritiker war und gesagt hat: »Schlecht ist schlecht und es muß gesagt werden. Hinterher können dann andere mit den Erklärungen und Milderungen kommen.« Und er schob gleich noch ein Fontane-Zitat hinterher: »Es ist furchtbar billig und bequem, immer von den Anstandsverpflichtungen der Kritik zu sprechen; zum Himmelwetter, erfüllt selber erst durch eure Leistungen diese Verpflichtung. Das andre wird sich finden.« Für Reich-Ranicki war schon immer Deutlichkeit »das große Ziel der Kritik«: Und daher müsse der Kritiker »das Negative so klar und so exakt wie möglich aussprechen können und dürfen«.

In einem Aufsatz über Wagners Oper »Die Meistersinger von Nürnberg« zitiert Reich-Ranicki den Kunstrichter Hans Sachs. Der wolle, »was die guten Kritiker immer gewollt haben und was sie nach wie vor wollen«, nämlich: »Er möchte vermitteln zwischen den Poeten und Lesern, der Kunst und der Gesellschaft, zwischen der Tradition und der Moderne, der alten und der jungen Generation, zwischen der Literatur und dem Leben«. Im Laufe der Jahre hat Reich-Ranicki sich immer wieder einmal mit seinen historischen Vorläufern beschäftigt, mit großen Kritikern der Vergangenheit wie Gotthold Ephraim Lessing, Friedrich Nicolai, Alfred Polgar, Friedrich Schlegel, Ludwig Börne, Alfred Kerr, Moritz Heimann oder Siegfried Jacobsohn. Und auch jene gelegentlichen Literaturkritiker interessierten ihn, die im Hauptberuf Dichter sind: Von Goethe über Heine und Fontane zieht sich die Linie bis hin zu Thomas Mann, Kurt Tucholsky und Martin Walser. Zumeist waren neue Editionen (gesammelte Feuilletons oder Briefausgaben) der Anlaß für diese in den Jahren zwischen 1961 und 1993 entstandenen Porträts, von denen 23 mittlerweile in dem Buch »Die Anwälte der Literatur« (1994) nachzulesen sind.

Manchen seiner Ahnen und Kollegen hält er für überschätzt, etwa Walter Benjamin oder Sieburg. Auch Tucholskys »forscher und kesser Flirt« mit der Literaturkritik wird von ihm skeptisch betrachtet – was nicht ausschließt, dem Schriftsteller in dem einen oder anderen Punkt recht zu geben. Denn eines habe der nie vergessen: »daß Kritik sich vor allem an jene richtet, für die auch die Literatur bestimmt ist – an die Leser also«. Und wie eine Summe dieser Sammlung klingen die Worte (im Aufsatz über Friedrich Luft): »Börne und Fontane, Kerr, Polgar und Tucholsky – sie alle hatten den Mut zu der simplifizierenden Formulierung, die die Dinge auf des Messers Schneide bringt.« Schon die großen deutschen Romantiker (»bei denen wir Kritiker immer wieder in die Schule gehen sollten«) hätten »bewußt vereinfacht und übertrieben«. Reich-Ranickis Devise: »Ein Literaturkritiker, der etwas taugt, ist immer eine umstrittene Figur.«

In diesem Buch vor allem zeigen sich seine Leitlinien: mal zustimmend aus den Schriften der anderen zitiert, mal in Konfrontation mit ihnen formuliert. Bei Lessing findet er seinen Grundsatz: »Einen elenden Dichter tadelt man gar nicht; mit einem mittelmäßigen verfährt man gelinde; gegen einen großen ist man unerbittlich.« Und noch einmal Fontane: »Unanfechtbare Wahrheiten gibt es überhaupt nicht, und wenn es welche gibt, so sind sie langweilig.« Soweit das Credo. Kontur gewinnt Reich-Ranickis Programm vor allem durch Abgrenzung. Von Friedrich Schlegel rückt er ab, wenn der formuliert, daß Poesie nur durch Poesie kritisiert werden könne und ein Kunsturteil selbst ein Kunstwerk zu sein habe. Nein, da ist er anderer Meinung. Und wenn Schlegel gar noch fordert, die Kritik solle nicht nur die vorhandene Literatur kommentieren, sondern indirekt, durch »Lenkung, Anordnung, Erregung«, zu einer neuen beitragen, hält er gegen: »Hier ist der Punkt erreicht, wo ich Schlegel nicht folgen kann.« Sache des Kritikers sei vielmehr »die Literatur der Gegenwart und der Vergangenheit, auf keinen Fall die der Zukunft«. Eine Ansicht Schlegels freilich zitiert er – schon früher – gern als Motto auch der eigenen Arbeit: »Es ist gleich tödlich für den Geist, ein System zu haben, und keins zu haben. Er wird sich also wohl entschließen müssen, beides zu verbinden.« Reich-Ranicki hat sich immer wieder zur Subjektivität und »der sich daraus ergebenden Relativität« bekannt. Er ist sich der »Fragwürdigkeit jeglicher Kunstbeurteilung« bewußt. Der Kritiker verfüge weder über einen »Paragraphenkodex« noch über einen Normenkatalog. Also sei auch die beliebte Frage nach den Maßstäben ein Mißverständnis. Maßstäbe? »Bei Gott, ich habe keine, ich darf keine haben – jedenfalls keine festen und konstanten Maßstäbe. Vielmehr habe ich sie stets aus dem zur Debatte stehenden Buch abzuleiten. Somit gehört zu dem vielen, was der Kritiker gelernt haben muß, auch und vor allem die Fähigkeit und die Bereitschaft, das Erlernte angesichts des neuen Kunstwerks über den Haufen zu werfen.«

Aber läßt sich die Vorliebe des Kritikers nicht doch etwas genauer bestimmen? Gibt es eine literarische Form, die er – vielleicht uneingestanden – bevorzugt? Es ist immer wieder behauptet worden, Reich-Ranicki sei ein Anhänger des Realismus, des schlichten traditionellen Erzählens, eigentlich wünsche er sich eine Literatur wie im 19. Jahrhundert: Gesellschaftsromane mit klaren Konflikten, farbigen Figuren, dialogreichen Schilderungen. Oder doch wenigstens etwas Entsprechendes, wie es heute eher die amerikanische als die deutsche Literatur zu bieten hat. Typisch für solch – zumeist vorwurfsvoll vorgetragene – Behauptung ist etwa eine Bemerkung von Martin Meyer, dem Redakteur der »Neuen Zürcher Zeitung«, der 1985 als Reich-Ranickis Wunschbild ausgemacht zu haben glaubte: »Eine durchgehende ›epische‹ Handlung, ein ›realistisches‹ Porträt der Wirklichkeit; eine ›Geschichte‹, und einfache durchschaubare Sprache. Reich-Ranicki fällt dazu der Name John Updike ein.« Der Betroffene hat in diesem Fall scharf widersprochen. Das alles sei barer Unsinn. Und aufwendig antwortete Reich-Ranicki unter dem Titel »In eigener Sache« in der FAZ: »Ist die Sprache jener, die ich als die größten Schriftsteller unseres Jahrhunderts bewundere –

also Thomas Manns und Franz Kafkas –, einfach und durchschaubar? Haben Wolfgang Koeppens Romane, die ich seit dreißig Jahren rühme, eine durchgehende ›epische‹ Handlung? Liefert Thomas Bernhard, über den ich seit den sechziger Jahren schreibe, ein ›realistisches‹ Porträt der Wirklichkeit? Ist Hermann Burgers ›Künstliche Mutter‹ ein Roman, der sich gleichsam von selbst erzählt? Und trifft eines dieser Kriterien auf das Buch ›Die Widmung‹ von Botho Strauß zu, das ich in der FAZ enthusiastisch besprochen habe? Und schließlich: Darf man nicht John Updike schätzen?«

Gut gebrüllt, Löwe. Und im einzelnen kann man Reich-Ranicki nur recht geben. Der tadelnd gemeinte Hinweis Meyers auf die Updike-Vorliebe etwa spricht eher für die Borniertheit des Gegenkritikers als für ein simples Literaturverständis des vermeintlich Getadelten. So leicht ist die Schelte nicht zu haben, so schnell das Bild einer Reich-Ranicki-Ästhetik nicht fertig. Indes fällt auf, mit welcher Energie und Akribie der Attackierte sich hier zur Wehr setzte. Das nährt den Verdacht, daß doch eine Schwäche oder zumindest das Gefühl von Schwäche vorhanden sein könnte.

Da er früher einmal einem recht simplen Schema von realistischer Literatur angehangen hat, scheint er sich – auch vor sich selbst – sorgsam gegen jeden Verdacht abschirmen zu wollen, rückfällig zu werden. Und eine aus seinen Anfängen stammende Vorstellung vom Schreiben hat er tatsächlich noch lange, auch nach der Ankunft im Westen, weitergepflegt: die Idee einer zeitkritischen und engagierten Literatur. Sein Argument war stets: Gerade in Deutschland könne sich der Schriftsteller nicht in den Elfenbeinturm oder das rein artistische Spiel zurückziehen. »Nirgends, befürchte ich, ist der Kampf gegen das Engagement in der Literatur so verdächtig und gefährlich wie hierzulande.« So schrieb er 1964 in einem Aufsatz »Engagierte Literatur – wozu?« Schon damals suchte er den goldenen Mittelweg: »Unsinnig wäre es, wollte man etwa die engagierte und die reine Literatur als absolute Größen betrachten und sie schließlich gegeneinander ausspielen.« In »drastischer Verkürzung« (so wappnet man sich vorauseilend gegen entsprechende Vorwürfe) lasse sich sagen: »Wie die Literatur, die kein Engagement kennt, steril ist, hört das Engagement ohne Artistik auf, Kunst zu sein.« Es komme auf die Synthese an. Das klingt sehr bedachtsam. Anders gesagt: Reich-Ranicki will es mit keinem verderben.

Und schon gar nicht will er als Verächter der Moderne dastehen. In der Literatur dieses Jahrhunderts werde das Material »unentwegt verändert, verzerrt, gedehnt, verfremdet, verwischt, gesteigert«. Nichts dagegen zu sagen, befand der Kritiker ebenfalls 1964. »Wer dies beanstanden wollte, würde die Entwicklung der Kunst in den letzten fünfzig Jahren anzweifeln.« Und wer will das schon? Reich-Ranicki jedenfalls nicht. Gegen die Neuerer in der Literatur erhebt er keine Einwände: nicht gegen Joyce oder Faulkner, Beckett oder Nathalie Sarraute. Wohl aber gegen die Nachahmer, die »Konfektionäre und Jünger«. Denn: »Indem sie repetieren und kopieren, imitieren und montieren, vergeuden die einen ihre Begabung und tarnen die anderen ihre Unfähigkeit. Sie fliehen ins Unwirkliche, weil sie der Wirklichkeit nicht oder noch nicht beikommen können.« Das klingt wiederum sehr vernünftig und abgewogen. Doch ein Vergleich Reich-Ranickis offenbart das allzu einfache Strickmuster des Gedankens: Die jungen Autoren in der Tradition der Moderne erinnern ihn an Maler, »die konsequent der abstrakten Malerei huldigen, aber leider unfähig sind, einen Stier oder einen Stuhl zu zeichnen«. Und wenn sie dazu doch befähigt wären, es aber ganz einfach nicht wollen?

Es ging Reich-Ranicki in den sechziger Jahren immer noch um eine Literatur, die auf die Gesellschaft einwirkt, indem sie sie genau beschreibt. Auch Joyce und Proust, darauf beharrte er, hätten Psychologie und Realismus nicht außer acht gelassen. Freilich genüge es nicht – wieder zu den Jungen gesprochen –, diese Vorbilder einfach nachzuahmen: »Da muß man schon eigene Lebenserfahrungen haben und sein Würzburg oder Gelsenkirchen ein wenig kennen.« So kommt durch die Hintertür das alte Realismus-Konzept wieder zu Ehren. Oder ein neues? Es könne, schreibt Reich-Ranicki 1965, »der Realismus, dem wir heute begegnen, natürlich nicht mehr der alte sein«. Der Realismus sei sich vielmehr der Grenzen seiner Möglichkeiten bewußt: »In diesem Sinne ist es ein bescheidener, ein undogmatischer und nach allen Seiten hin offener Realismus.« Doch warum sich mit – noch so vagen – »voreiligen Definitionsversuchen« einengen? Der Realität könne man glücklicherweise »mit unterschiedlichen, ja gegensätzlichen Mitteln und Stilen« beikommen. Je länger sich Reich-Ranicki mit der theoretischen Klärung abmüht, desto unklarer werden die Umrisse. Deutlich spürbar ist hinter all dem nur: Er möchte nichts Falsches sagen, nicht als altmodisch gelten – aber doch ein wenig die herkömmlichen Erzählmuster verteidigen. Und es führt zu nichts als Allgemeinplätzen.

Engagiert sollte die Literatur sein, aber auch dieser Begriff verlor für Reich-Ranicki zusehends an Bedeutung. Schon in den sechziger Jahren war die Vorstellung über das »Ziel des Engagements« – mit Max Frisch – äußerst bescheiden geworden, nämlich: »die Welt in Frage zu stellen«. Damit war gemeint: »Literatur als Kritik des Lebens«, oder (noch) »bescheidener formuliert: als Auseinandersetzung mit der Gegenwart, als Reaktion auf Wirklichkeit«. Welche Literatur war da überhaupt noch ausgegrenzt? Um ja nicht mißverstanden (und von der Vergangenheit eingeholt) zu werden, fügte Reich-Ranicki sogar hinzu: »Nichts scheint mir gerade heute irriger als die Vermutung, die engagierte Literatur sei Werkzeug einer Ideologie oder bedeute Identifikation mit einer politischen Richtung, einer Weltanschauung, einer Partei, einem Programm.«

Nur zu bald sah sich Reich-Ranicki genötigt, noch stärker auf die ideologische Bremse zu treten und den Trennungsstrich zu neulinken Positionen klarer zu ziehen. Die Studentenrevolte von 1968 brachte unter anderem eine neue (für Reich-Ranicki alte) Kunstfeindschaft mit sich, plump wurde Literatur als Waffe im Kampf eingefordert, das Ende der bürgerlichen Kunst ausgerufen. Da mußte nun der Kritiker 1973 – in der »Zeit« – sein Wort »Gegen die linken Eiferer« erheben. Mit Schaudern malte er das Bild eines Literaturlebens an die Wand, wo »fanatische Bilderstürmer« eine »dumpfbornierte Politisierung der Literatur« betrieben, wo Theaterkritiker jedes Stück lobten, wenn nur die Worte »Arbeiter« und »Klassenkampf« darin vorkamen, wo Professoren der Germanistik darauf verzichteten, Kafka und Thomas Mann zu interpretieren, »um die frühe Periode im Werk von Willi Bredel (der ein wackerer Kommunist und ein sehr dürftiger Erzähler war) andächtig zu untersuchen«.

Das war ein wenig übertrieben, aber Reich-Ranicki wußte eben, wovon er redete (und wovor er sich fürchtete). Und so ließ er seiner Skizze eine aufschlußreiche Bemerkung folgen: »Das alles hat dazu geführt, daß wir, die wir immer schon für das Engagement der Dichtung waren und die wir die Gesellschaftskritik in der Literatur für etwas Selbstverständliches hielten und halten, das Wort ›Gesellschaftskritik‹ nicht mehr verwenden können, und daß wir uns mit Widerwillen von jenen abwenden müssen, die meist Konjunkturritter sind und jedenfalls im Kulturleben dieses Landes zur Zeit den größten Lärm machen.« Der Lärm ist mittlerweile abgeflaut, aber der Kritiker hat seither die Begriffe »Engagement« und »Realismus« so gut wie nie mehr benutzt.

Andere Vokabeln freilich griffen auch nicht recht. In einem Rückblick auf die deutsche Literatur der siebziger Jahre versuchte es Reich-Ranicki – in seinem Buch »Entgegnung« (1979) – mit der Formel »zeitkritischer Psychologismus«, doch seine Definition war so schwammig, daß sie zur Bestimmung der literarischen Werke kaum tauglich war: »Die psychologische Analyse dient in diesen Romanen, Erzählungen und Autobiographien der Auseinandersetzung mit der Welt, in der wir leben. Introspektion und Zeitkritik bedingen und beglaubigen sich gegenseitig.« Er dürfte die Unzulänglichkeit seiner terminologischen Bemühungen selbst gespürt haben. So hat bei ihm die Lust immer mehr nachgelassen, sich mit Begriffen und Positionsbestimmungen herumzuschlagen. Wie hatte er doch 1978 über »Das fliehende Pferd« von Walser geschrieben? Der Autor wolle nur ein Stück Welt zeigen, und mehr sollte man von der Literatur nicht verlangen. War damit nicht eigentlich alles gesagt?

Gern nutzt Reich-Ranicki im übrigen die ausländische Literatur, um der deutschen indirekt Mängel vorzuhalten. Er hält das geradezu für ein Rezept: »Man muß sich zum Vergleich auch mit einer anderen Literatur als der deutschen beschäftigen.« Zwar hat er nur selten einmal über ein russisches, ein polnisches, ein französisches Buch geschrieben, doch sich kontinuierlich mit der angelsächsischen, besonders mit der amerikanischen Literatur beschäftigt. Vor allem gefällt ihm, daß die Amerikaner Literatur für das Publikum schreiben. »Beinahe alle amerikanischen Schriftsteller von Rang waren auch Erfolgsautoren.« Wenn John Updike, unter den amerikanischen Autoren einer seiner liebsten, seine Bücher gut verkauft, stört Reich-Ranicki das – im Gegensatz zu manch anderem deutschen Kritiker – nicht im geringsten. Beim breiten Publikum ist sein Rat auch deswegen so beliebt, weil er einer anspruchsvollen, aber doch zugänglichen Literatur das Wort redet. Unterhaltsamkeit ist für ihn kein Schimpfwort, weder was die

Form seiner eigenen Kritiken noch was deren Gegenstand angeht. Das ist seine eigentliche Erkennungsmelodie.

Was fasziniert ihn an Updike? Der zeige »mit gewöhnlichen Mitteln Ungewöhnliches«, heißt es 1983 in Reich-Ranickis Rezension des Erzählungsbands »Der weite Weg zu zweit«. »Das soll heißen: Seine künstlerischen Ausdrucksmittel sind (in der Regel) traditionell, seine Reaktion auf die Umwelt ist modern. Sinnliche Wahrnehmung und bohrende Intelligenz halten sich in seiner Prosa die Waage. Sie kontrollieren und ergänzen sich gegenseitig.« Und noch einmal ganz deutlich: »Nichts charakterisiert diese Epik mehr als geistreiche Empfänglichkeit für alles Sinnliche, als die Synthese aus Sensualität und Intellektualität.«

Das Sinnliche und das Intellektuelle: dieses Programm hat Tradition – ein anderer von Reich-Ranickis Lieblingen hat es formuliert. Anfang der dreißiger Jahre warnte Thomas Mann in einer Rede über Goethe davor, dem »Unbewußten, Vorgeistigen« in der Literatur auf Kosten des Verstandesmäßigen zu huldigen. Goethe sei ein wundervolles Beispiel dafür, »daß reinste Naivität und mächtiger Verstand Hand in Hand gehen können«. Dagegen sei der »durchaus unintelligente Dichter«, so Thomas Mann abfällig, »der Traum einer gewissen romantischen Naturvergötzung«. Das war zweifellos pro domo und ist zugleich Reich-Ranicki aus dem Herzen gesprochen. Denn was vermißt er so sehr bei Peter Handke (der am liebsten in der Natur schreibt)? An dessen Roman »Mein Jahr in der Niemandsbucht« etwa schlicht und ergreifend »Intelligenz und Temperament, Humor und Ironie, kurz: Qualität«.

Doch Reich-Ranicki ist nur schwer auf einen Standort festzulegen. Fast immer hat er irgendwo auch schon das Gegenteil gesagt. »Schlecht wäre es um die Weltliteratur bestellt, wollten wir alles Rätselhafte und Geheimnisvolle daraus verbannen und bloß das gelten lassen, was ins Rationale übertragbar ist« – auch das hat er einmal aus Anlaß eines Handke-Buches geschrieben. Freilich nur, um seinen Lieblingsfeind unter den Gegenwartsautoren dann mit einer kleinen Drehung doch noch an den Haken zu kriegen: »Nachlässig, schlecht formuliert« werde daraus »eben jener Mumpitz, der Tiefsinn vortäuscht und in Deutschland immer beliebt war und ist.«

Zu den Schriftstellern, die in den fünfziger und frühen sechziger Jahren bekannt wurden, hat Reich-Ranicki zweifellos einen besseren Zugang gefunden als zu Handke oder Strauß: Das Schaffen von Böll, Frisch, Grass oder Walser hat er fast Werk für Werk kritisch begleitet (Grass lakonisch: »Ich bin sein Arbeitgeber«) und dabei auch – entgegen einem weit verbreiteten Klischee – komplizierte und komplexe literarische Werke wie Frischs Roman »Mein Name sei Gantenbein« (1964) verteidigt. Über die autobiographische und gewiß nicht einfach gestrickte »Montauk«-Erzählung Frischs schrieb er 1975 eine Hymne. Den Autoren Böll, Frisch, Grass und Walser ist inzwischen je ein eigenes Buch gewidmet, genauer gesagt: Reich-Ranicki hat seine Rezensionen und Aufsätze, die zum größten Teil schon in anderen Sammelbänden vorlagen, noch einmal neu sortiert und um biographische

Skizzen ergänzt. Einen solchen Band gibt es auch über Thomas Bernhard. Im Nachwort gesteht Reich-Ranicki freimütig, daß er um den Österreicher zunächst einen großen Bogen gemacht habe. Warum? Der Grund sei Angst gewesen, bekennt er. »Ich fürchtete, seiner Prosa nicht gewachsen zu sein.« Er hat sich dann aber doch getraut und Bernhard zu einem seiner Favoriten gemacht – und ihn, den Österreicher, ganz nebenbei, mit wachsender Freude gegen dessen Landsmann Handke ausgespielt.

Diese Monographien zählen zu den besten seiner zahlreichen Bücher – wie auch die Aufsatzsammlung »Die Anwälte der Literatur« und nicht zu vergessen der Band »Über Ruhestörer«, der sich mit »Juden in der deutschen Literatur« befaßt und dem Andenken jener gewidmet ist, »die von Deutschen ermordet wurden, weil sie Juden waren. Zu ihnen gehören mein Vater David Reich, meine Mutter Helene Reich, geb. Auerbach, und mein Bruder Alexander Herbert Reich.« Im Buch über Böll, genauer: im Nachruf auf den Nobelpreisträger, findet sich die Frage, warum der erfolgreiche Schriftsteller doch »kein zufriedener, kein glücklicher Mensch« gewesen sei. Die Antwort mag, wie manches bei Reich-Ranicki, auch einen autobiographischen Beiklang haben: »Das hatte wohl mit eben denselben Tugenden zu tun, die seine Leistungen und Taten ermöglichten – mit seiner extremen Empfindlichkeit und seiner nervösen Reizbarkeit, mit seiner Leidensfähigkeit. Sie bildeten allesamt, dessen können wir sicher sein, eine schwere Bürde: Er war ein Beschenkter und Beladener, er war gesegnet und geschlagen zugleich.«

11. Unbescheiden, ungezogen, unverschämt

Daheim, in der Frankfurter Eigentumswohnung, wohnt Marcel Reich-Ranicki zusammen mit seiner Frau Teofila, die er vor rund einem halben Jahrhundert geheiratet hat und mit der er bis heute unter vier Augen polnisch spricht. Die Familie seines Sohns, der ein erfolgreicher Mathematiker geworden ist, wohnt in einer anderen Stadt. Mancher Besucher ist überrascht, wie schüchtern und bescheiden der Mann aufzutreten vermag, der als Scheusal und Despot gilt. Er kann ein ganz liebenswürdiger Gastgeber sein. Eine Zeitlang. Dann reißt er das Gespräch an sich. »Ungeduld und Neugierde« hat er einmal selbst als seinen Hauptcharakterzug bezeichnet.

Seine Neugier darf nicht enttäuscht werden. Wehe dem, der keine interessanten Fragen stellt! Wehe dem Langweiler! Kaum einer auf diesem Erdenrund, der ihm persönlich begegnet ist und nicht schon irgendwann das unbehagliche Gefühl verspürt hat, kein sehr unterhaltsamer Gesprächspartner, überhaupt ein eher unorigineller Zeitgenosse zu sein. In Gesellschaft steht Reich-Ranicki entweder monoman im Mittelpunkt – oder er drückt mit einem Gähnen aus, wie unwohl er sich fühlt: verlorene Zeit. Seine schroffe Umgangsform, die sich plötzlich Bahn brechen kann, hat schon manchen verzweifeln und vor allem an sich zweifeln lassen. »Weiter!« sagt er unwirsch, wenn ihm ein Thema ausgiebig erörtert scheint oder der Gesprächspartner zu umständlichen Einlassungen neigt. Er liebt Tratsch und Skandalgeschichten, von

Ehepaar Reich-Ranicki

Intrigen und Geheimnissen kann er nicht genug bekommen. Aber neu soll es schon sein – und gut weiterzuerzählen.

Am liebsten per Telefon. Eine alte Leidenschaft von ihm: Schon mit Bertolt Brecht hat er sich Mitte der fünfziger Jahre fernmündlich verständigt. Nicht das Lesen, sondern das Telefonieren hat Reich-Ranicki als seine »Lieblingsbeschäftigung« bezeichnet. Er frönt dieser Leidenschaft mit Ausdauer. Er meldet sich selten mit seinem Namen am Telefon – selbst dann nicht, wenn er es ist, der anruft: Er geht davon aus, daß er erkannt wird. Und er bestimmt gern das Ende. Mit einem zackigen »Adieu« verschwindet er, wenn es ihm an der Zeit erscheint, wieder aus der Leitung.

Wenn er sich beim Arzt anmeldet, erwartet er zumindest, daß er schneller als andere einen Termin bekommt. Und wenn die Sprechstundenhilfe wider Erwarten mit seinem geschnarrten »Reich-Ranicki« nichts anzufangen weiß, bittet er höflich, dem Arzt einen Zettel mit dem Namen vorzulegen. »Meistens klingelt dann schon nach fünf Minuten wieder das Telefon.« Das seien die Vorzüge der Prominenz, berichtet er vergnügt. Witze macht er selten. Wenn schon, dann über sich selbst. Nach einem Abendessen, wo er wieder einmal Alleinunterhalter war, kann es vorkommen, daß er sich mit den Worten verabschiedet: »Es hätte ein wirklich netter Abend sein können, wenn ich mal zu Wort gekommen wäre!« Sonst ist Humor nicht unbedingt seine Stärke. Und verordnete Späße mißfallen ihm zutiefst. Als ihm, dem mit Ehrendoktoraten, Preisen und Festschriften mittlerweile Verwöhnten, im August 1993 von den Aachener Karnevalisten der Orden wider den tierischen Ernst angetragen wurde, lehnte er unverzüglich ab. Sein Kommentar: Orden seien ihm zuwider. Karneval auch.

Der Kritiker sagt Freund und Feind gleichermaßen energisch die Meinung – ohne falsche Rücksichtnahme: offen, deutlich, mitunter verletzend. So bleibt er unabhängig und wirkt souverän. Doch so paradox es ist: Kaum etwas registriert er so genau wie das, was über ihn gedacht, geschrieben, gesprochen wird. Er läßt eigens einen Ausschnittdienst für sich arbeiten, damit auch die ihn betreffenden Äußerungen in kleinen und entlegenen Zeitungen zu ihm dringen. Er ist empfindlich und hat für Kränkungen ein gutes Gedächtnis. Wie so mancher, der gut austeilen kann, zählt er zu den Empfindsamen und Liebesbedürftigen.

»Man mochte ihn nicht, man beschimpfte ihn«, so hat Reich-Ranicki über Friedrich Schlegel geschrieben, eines seiner kritisch bewunderten Vorbilder. Der sei »bekannt, ja berühmt« gewesen. Doch: »Er galt als unbescheiden, ungezogen und unverschämt.« In dem Aufsatz über den Ahnherrn der Literaturkritik heißt es weiter: »Er wurde geschätzt, gewiß, aber ungern, wenn nicht widerwillig. Unbeliebt, um es gelinde auszudrücken, blieb er immer.« Schlegel sei »ein Getriebener, ein Gehetzter« gewesen, einer, »der nirgends Ruhe findet«. Und Reich-Ranicki zitiert ihn mit der Selbstaussage: »Man findet mich interessant und geht mir aus dem Wege. Wo ich hinkomme, flieht die gute Laune, und meine Nähe drückt. Am liebsten besieht man mich aus der Ferne, wie eine gefährliche Rarität.« Ein heimliches Selbstporträt?

Reich-Ranicki mit Walter Jens

Daß er wenige Freunde habe, beklagt Reich-Ranicki weniger, als daß er es feststellt. Schließlich sei auch der berühmte Theaterkritiker Kerr ein einsamer Mensch gewesen. Unter den Schriftstellern gibt es nur einen, der über Jahre hin und ohne große Schwankungen als Freund zu bezeichnen wäre: Siegfried Lenz – über dessen Romane hat Reich-Ranicki wohlweislich nicht eine einzige Kritik geschrieben (von der einen oder anderen Laudatio und früheren Arbeiten in Polen abgesehen). Alte Weggenossen und Kollegen hat er aus den Augen verloren oder sich zu Feinden gemacht: Hans Mayer, Fritz J. Raddatz. Selbst zu Walter Jens und Joachim Fest ist der einst enge Kontakt abgebrochen.

Scheut er das Gespräch von Angesicht zu Angesicht? In seiner Frankfurter Wohnung ist er von den guten Geistern der Vergangenheit umgeben: Nicht nur die Bücher der von ihm geschätzten Dichter füllen die Wände, sondern auch, eng an eng, Porträts von Thomas Mann und Brecht, Fontane und Max Frisch. Wenn er nicht telefoniert oder einem der Journalisten Auskunft gibt, liest oder schreibt er: nie im Morgenmantel, stets korrekt gekleidet. Übrigens trägt er auch keine gestreiften Hemden: Sie erinnern ihn an die Kleidung von KZ-Häftlingen. Natur und Landschaft sind ihm erklärtermaßen gleichgültig. Der Schweizer Schriftsteller Adolf Muschg stand einmal vor vielen Jahren mit ihm zusammen vor einem gigantischen Wasserfall. Auf dem Hinweg hatte Reich-Ranicki ohne Unterlaß über Literatur geredet, nun schaute er nur kurz auf: »Müßte etwas weiter links fallen!« – und sprach ungerührt weiter über wichtigere Dinge, also die Literatur. Das ist sein Hauptthema – und die Liebe: am besten beides zusammen. »Mich interessieren die erotischen Motive besonders«, gibt er unumwunden zu. »Weil mit der Erotik immer etwas Mysteriöses verbunden ist.« Und manch jüngerem Kollegen hat er schon zu verstehen gegeben, daß, wer von dem einen, der Liebe, nichts verstehe, vielleicht auch mit dem anderen, der Literatur, seine Schwierigkeiten haben dürfte. Gern zitiert er ein russisches Sprichwort: »Man kann nicht mit jeder schönen Frau dieser Welt schlafen.« Rhetorische Pause. »Aber man sollte danach streben.«

Überraschend, wie empfindlich er einmal auf eine gar nicht unfreundlich (nämlich in einer Laudatio auf ihn) vorgetragene freundschaftliche Rüge seines damaligen Freundes Walter Jens reagiert hat. Der hatte es gewagt, über Reich-Ranicki und dessen literarischen Geschmack zu sagen: Wenn ein Schriftsteller wie Max Frisch »die alten Männer und die jungen Mädchen besingt, ist es um Reich-Ranicki geschehen«. Reichlich rüde gab der Empfindliche später zurück: Jens habe von erotischer Literatur keine Ahnung, er verstehe überhaupt von dem Thema Erotik nichts – jedenfalls nicht so viel wie er, Reich-Ranicki. »Deshalb sollte er den Mund halten.«

Die Faszination des Mannes rührt auch von solcher Unberechenbarkeit, ja Unbeherrschtheit her. Er verbindet Unnahbarkeit mit einer ungeheueren Präsenz. Dabei gehen ihm Geistesgegenwart und Schlagfertigkeit über alles. Er mustert sein Gegenüber genau. Ein tiefer Blick durch seine Brille – und der andere ist fixiert. Das erleben wohl nicht nur Frauen als erotisches Fluidum (Wolf Biermann 1994, bevor auch er sich mit Reich-Ranicki entzweite: »Ich liebe ihn, anders ist er auch nicht auszuhalten«). Er hat etwas. Und das Fernsehen transportiert es nun in die Wohnzimmer. Da tritt jemand auf, der mit allen Regeln des Mediums bricht. Wie aus einer anderen Epoche kommend hockt er da – und redet bloß. Aber so, daß inzwischen jeder Tankwart weiß, was ein Literaturkritiker ist.

Ja, er ist der Kritiker. Nie ist es seine Sehnsucht gewesen, irgendwann einen Roman oder ein Theaterstück zu schreiben. Er habe es auch nie versucht, beteuert Reich-Ranicki. Allenfalls ein oder zwei Erzählungen gibt es von ihm: nach der Ankunft in der Bundesrepublik für den Rundfunk geschrieben. So sendete der damalige Nordwestdeutsche Rundfunk auf Ultrakurzwelle am 23. November 1958 eine »Sehr sentimentale Geschichte« von Marcel Ranicki. In dritter Person wird darin vom Wiedersehen mit Berlin nach dem Zweiten Weltkrieg erzählt – sentimental, in der Tat, doch mit interessanten Details. Reich-Ranicki erinnert sich daran, für das Manuskript 1.000 Mark erhalten zu haben, die er damals »sehr gebrauchen konnte«. (Gedruckt wird die autobiographische Skizze erstmals in diesem Buch.)

Als Kritiker freilich erzählt er gern. Reich-Ranicki vermag die Personen und Konflikte, die Atmosphäre und Bauform eines Romans oder einer Erzählung äußerst anschaulich darzustellen. Nur selten findet sich in der gegenwärtigen Literaturkritik so viel Lust und Geschick, eine Buchbesprechung zu inszenieren, ein kleines

Kunstwerk aus ihr zu machen. Die Leser danken es. Und lassen sich vielleicht sogar zu Autoren verführen, die ihnen sonst fremd geblieben wären. Die ersten Sätze seiner Kritiken sind Angelhaken: Da wird geködert. Diese Technik hat Reich-Ranicki früh ausgebildet und zur Meisterschaft getrieben.

Einige Beispiele für solche Anfangssätze, quer durch die Jahre: »Allzu leicht macht er es den Gegnern seines Talents, schwer seinen Verehrern« (»Ansichten eines Clowns« von Heinrich Böll, 1963). – »Er ist Philologe. Und er hat dennoch Phantasie. Er ist Germanist. Und er kann trotzdem schreiben« (»Auftritt Manigs« von Reinhard Lettau, 1963). – »Jawohl, dieser Hermann Kant aus Ost-Berlin kann sich sehen lassen« (Kants Roman »Die Aula«, 1966). – »Nein, heute wird nicht genörgelt, sondern endlich einmal kräftig in die Harfe gegriffen: Es gilt, ein keineswegs weltbewegendes, aber doch sehr erfreuliches Ereignis zu feiern« (»Die Beerdigung findet in aller Stille statt« von Günter Kunert, 1968). – »Ein solides, ein gediegenes, ein gutes Buch. Aber kein sehr gutes Buch« (»Die gerettete Zunge« von Elias Canetti, 1977). – »Er hat es jetzt nicht leicht, schon seit einigen Jahren bläst ihm der Wind ins Gesicht« (Peter Handkes »Langsame Heimkehr«, 1979). – »Dieser Roman umfaßt 770 Seiten. Also kann er kein guter Roman sein« (»Bellefleur« von Joyce Carol Oates, 1983). – »Dieser Milan Kundera ist trotz allem ein ganzer Kerl: ein Autor mit Geist und Geschmack, ein Erzähler mit Talent und Temperament« (Kunderas Roman »Die Unsterblichkeit«, 1990). – »Er plauscht und plaudert gern, er schwatzt und schwafelt oft« (»Ohne einander« von Martin Walser, 1993). Wie sehr sich Reich-Ranicki der Wirkung solcher rhetorischer Einstiegsdrogen bewußt ist, zeigt sich an einer Bemerkung zu Günter Grass' Roman »Hundejahre« (1963), ebenfalls Auftakt einer Rezension: »Natürlich weiß ein so exakt arbeitender Schriftsteller, ein so sorgfältig kalkulierender Artist wie Günter Grass, welch außerordentliche Bedeutung gerade dem Einstieg zukommt – den ersten Zeilen eines Romans oder einer Erzählung.«

Außer der ansprechenden Form seiner Kritiken hat noch etwas Reich-Ranickis Anerkennung bei einem breiten Publikum befördert: sein enormer Fleiß, seine über Jahre hin kontinuierliche Präsenz auf der Zeitungsseite und in der literarkritischen Debatte. Eine Diplomarbeit (Autor: Reinhard Helling) zählt in den Jahren von 1958 bis 1992 nicht weniger als 638 Essays und Rezensionen, die Reich-Ranicki über 226 Autoren (darunter 26 Autorinnen) publiziert hat: 303 Texte allein in der »Zeit«, 250 in der FAZ. Übrigens ist auch statistisch erfaßt, wer zu den Favoriten des Kritikers zählt: Die Hitliste führt Heinrich Böll an (18 Artikel), es folgen (mit jeweils 14 Artikeln) Günter Grass, Thomas Mann und Anna Seghers, sodann Wolfgang Koeppen (13), Martin Walser (9), schließlich (je 7) Thomas Bernhard, Vladimir Nabokov und Arnold Zweig. Die Mehrzahl der von Reich-Ranicki besprochenen Schriftsteller war indes nur ein- (116 Autoren) oder zweimal (54 Autoren) an der Reihe.

Er hat die literarkritische Seite seiner journalistischen Arbeit stets betont. Interviews mit Schriftstellern gibt es von ihm nur wenige – er gibt lieber selbst welche (eine der Ausnahmen: Im Oktober 1985 hat er den Schriftsteller Koeppen ausführlich vor der Fernsehkamera für die ZDF-Serie »Zeugen des Jahrhunderts« befragt, in Buchform 1994 unter dem Titel »Ohne Absicht« erschienen). Kommentare dagegen sind sein Fall: Das war schon so in den sechziger Jahren bei der »Zeit«, wo er sich über »Literaturpreise in der Bundesrepublik« und »Dichterlesungen« ebenso verbreitete wie über die »Übersetzungs-Misere«, »Schriftsteller als Exportartikel«, »Die Vorliebe für Ich-Erzählungen« oder »Sexus und die Literatur«. Und auch später, bei der FAZ, ließ er kaum eine Gelegenheit zu einer Polemik oder Glosse aus. Und er rief, am 15. Juni 1974, eine regelrechte Institution ins Leben, die Rubrik »Frankfurter Anthologie«. Seither nämlich wird in der Samstagsausgabe der FAZ Woche für Woche, bis heute von ihm betreut und redigiert, ein deutsches Gedicht interpretiert. Natürlich nicht streng philologisch, sondern subjektiv und anregend, getreu der Devise, die der Redakteur gern im Einladungsbrief ausgibt: »Daß der Kommentar nicht trocken und wissenschaftlich, sondern literarisch und möglichst persönlich werden sollte, braucht man Ihnen ja nicht zu sagen.« Nach knapp 20 Jahren, am 2. April 1994, waren die ersten 1.000 Interpretationen zusammen, die nun auch in einer zehnbändigen Buchausgabe vorliegen – ein Beispiel mehr für die rege Herausgebertätigkeit Reich-Ranickis.

Als Manager des literarischen Lebens hat Reich-Ranicki Beachtliches geleistet. Auch wenn er gelegentlich Neuauflagen und Remakes betrieben hat: Nachdem es die »Gruppe 47« schon lange nicht mehr gab (und der Kritiker so wieder einmal eine Heimat verloren hatte), rief er 1977, dreißig Jahre nach deren Gründung, den »Ingeborg-Bachmann-Wettbewerb« ins Leben, das Klagenfurter Preislesen – und blieb genau zehn Jahre als Sprecher der Jury dabei. Das 1988 von ihm im ZDF etablierte Fernseh-»Quartett« erinnert in manchem an das alte Funk-»Kaffeehaus« seligen Angedenkens – bis hin zu der schon dort verwendeten Schlußformel aus dem Brecht-Stück »Der gute Mensch von Sezuan«.

Seine klaren Worte werden von einer großen Gemeinde geschätzt. Tritt er als Redner auf, in einem Hörsaal, einer Buchhandlung oder 1993 während der Leipziger Buchmesse, so strömen die Menschen in Massen. Und er weiß: »Die Leute wollen mich aggressiv sehen.« Sein Titel »Lauter Verrisse« aus dem Jahr 1970 wird noch heute reichlich geordert, einem später nachgeschobenen Band mit »Lauter Lobreden« (1985) war weniger Erfolg beschieden. Reich-Ranickis Ruhm wuchs beständig. Die »Zeit« war eine Stufe für ihn, die FAZ eine andere, das Fernsehen ist nun die bislang oberste, was die Popularität angeht – der Bildschirm machte ihn unübersehbar.

12. »Quartett«-Meister und Fernsehstar

»Wir sehen betroffen den Vorhang zu und alle Fragen offen« – so mag noch manches »Literarische Quartett« im ZDF enden. Wieder wird ihm die bei Brecht entlehnte Formel, nach einem kleinen Zögern, zuverlässig über die Lippen kommen. Und wieder werden die Takte aus Beethovens drittem Razumovsky-Streichquartett ertönen und anzeigen, daß ein »Literarisches Quartett« vorbei ist. Das ist dann jedes Mal der Augenblick: Tausende greifen vor den Fernsehschirmen nach dem Blatt Papier, auf dem sie die Buchtitel notiert haben, die sie sich in ihrer Buchhandlung besorgen wollen. Verleger geben telefonisch das Startzeichen für die vorsorglich vorbereitete Nachauflage. Die feinen Literaturkritiker ärgern sich darüber, wie volkstümlich und banal es wieder einmal zugegangen ist (und daß sie selbst nicht dabei sein durften). Bedeutende und weniger bedeutende Schriftsteller drücken unzufrieden auf den Knopf oder die Fernbedienung ihres Fernsehgeräts, die Mehrzahl von ihnen, weil ihr neues Buch nicht genannt, eine kleine Minderheit, weil ihres abgetan worden ist. Und zwei, vielleicht drei aus der sensiblen Zunft hatten soeben den schönsten Augenblick ihrer bisherigen Laufbahn – mögen sie Cees Nooteboom heißen oder Ruth Klüger oder Josef Haslinger. Ihr Roman oder ihr Prosaband wurde nachdrücklich gepriesen: von ihm, dem einen, dem unvergleichlichen Marcel Reich-Ranicki.

Dessen Bildschirm-Präsenz begann, von eher unbeachteten Fernseh-Auftritten abgesehen, aus einem ernsten Anlaß. Als man sich hierzulande dazu durchrang, die amerikanische TV-Serie »Holocaust« zu senden, glaubten die Verantwortlichen, dem deutschen Publikum diesen Blick in seine Vergangenheit nur in den dritten Programmen und mit einer nachträglichen Gesprächsrunde zumuten zu können. Einer, der damals einen besonders nachhaltigen Eindruck in dieser Diskussion hinterließ, war Reich-Ranicki, der im Januar 1979 den Fernsehzuschauern schlicht sagte: »Es war Aufgabe der Deutschen, diesen Film zu machen. Und es ist höchst bedauerlich, daß ein derartiger Film nicht in Deutschland gemacht wurde.« Auch vorher schon hatte er die unter Intellektuellen üblichen Vorbehalte gegen das Medium nie geteilt. Schon Anfang der sechziger Jahre wollte er nicht »an die angeblich ewige Fehde zwischen dem Fernsehen und dem Buch« glauben und hoffte auf ein »für das Kulturleben unbedingt notwendiges Bündnis«. Heute sagt er voller Begeisterung: »Mit Hilfe des Fernsehens erreiche ich, was ich in meinem ganze Kritikerleben wollte, aber so nie geschafft habe: eine breite öffentliche Wirkung auf die Leser.«

Am 25. März 1988 ging es mit dem »Quartett« los. Seither setzt sich Reich-Ranicki zusammen mit seinen Kollegen Sigrid Löffler und Hellmuth Karasek zunächst vier Mal, nun sechs Mal pro Jahr im ZDF vor die Kamera, und es wird zusammen mit einem Gast über fünf neue Romane oder Erzählbände geplaudert – mehr als eine Stunde lang. Spickzettel sind nicht erlaubt, abgelesen wird nicht – zitiert möglichst auch nicht. Alles aus dem Kopf: Das hat schon manchen der Gäste in Verlegenheit gebracht. Gegen die drei Profis wirkten bisher die Eingeladenen fast ausnahmslos matt. Entweder agierten sie schulmädchenhaft eifrig, versteinert wie Zombies oder schlicht nichtssagend. Außer Jürgen Busche, der am Anfang als ständiges viertes »Quartett«-Mitglied dabei war, konnten so recht nur Vereinzelte Figur machen: Jurek Becker etwa, Peter Demetz, Jochen Hieber, Joachim Kaiser oder Peter von Matt.

»Literarisches Quartett«: Sigrid Löffler, Joachim Kaiser,
Reich-Ranicki und Hellmuth Karasek

Der Held aber ist und bleibt: Reich-Ranicki. Was das Publikum entzückt, ist seine stete Bereitschaft, sich scheinbar lächerlich zu machen, um dann aus der Position des gesunden Menschenverstands Dinge überraschend zurechtzurücken. Die Fernsehkritikerin Barbara Sichtermann schrieb 1989 bissig in der »Zeit« über die Sendung und deren Matador: »Right or wrong, my ego.« Ein jüngerer Schriftsteller, Thomas Hettche, legte vier Jahre später in einer Fernsehkritik (ausgerechnet in der FAZ) nach: »Bezeichnend ist, daß gerade jene, die das Wort vom ›Dichter‹ und von der ›Weltliteratur‹ so gern im Mund führen, sich nach Kräften bemühen, jeden Text auf das Handhabbare zu reduzieren. Denn so wird beides zum Filmstoff: die Figur des Schriftstellers in der Anekdote vom Dichter und sein Text als story.« Die Pädagogen-Zeitschrift »Der Deutschunterricht« dagegen konzedierte, das ZDF habe mit dem »rüstigen Zeitungs-Pensionär« einen »telegenen Kunstrichter« aufgetan, der aus der Fachdebatte »überaus unterhaltsame Funken« schlage.

Inzwischen gibt es kaum noch eine TV-Talkshow, die ihn, Reich-Ranicki, nicht zu Gast hatte. Freilich verkauft er am Bildschirm auch schon einmal für eine Pointe sein Lieblingsspielzeug. »Das ist ein Kennzeichen des deutschen Literaten, daß er der Muttersprache nicht mächtig ist«, verkündet er dann unter viel Beifall. Oder: »In Deutschland sind Literatinnen doch nur verhuschte Wesen, die ständig in Ohnmacht fallen und Lyrisch-Märchenhaftes von sich geben. Gräßlich!« Gräßlich, solche Anbiederung an die Publikumserwartung – in der Tat.

Aber dann ist er eben wieder ganz bei der Sache. Der Vorhang öffnet sich: Und wie immer braucht er etwas Zeit, um sich warmzureden. Fast fürchtet der Zuschauer am Bildschirm schon, heute sei er vielleicht nicht ganz in Form, da fängt er sich. Eben noch hart und ungelenk, gewinnt seine Stimme plötzlich an Farbe und Timbre, wird vertraulich wie bei einem Liebesspiel, schmeichelt dem Ohr und der Literatur. Die Stimme wird leise und flüsternd, wandert in die Höhe, zum Falsett. Dann verstummt sie fast angesichts eines anrührenden Romankapitels, sinnt wehmütig einer schönen Erzählpassage nach (»Wie der Autor das macht – das ist schon sehr gut!«). Und endlich spürt auch der größte Holzkopf: Hier hat einer gelernt, Furcht und Schrecken zu verbreiten, um im Schutz dieser Stärke zum Liebenden zu werden, um sich nach all den Abwehrkämpfen und Verheerungen endlich der einen Pflanze zuzuwenden, sie zu schützen und gegen alle Unbill zu verteidigen.

Der Terminator nimmt die Eisenrüstung ab. Zutage tritt – für Minuten, selige Augenblicke – der väterlich die Hand Auflegende. Und für diesen Moment, auf den das ganze Brimborium der Selbstinszenierung als scharfer Hund, das ganze Spektakel der »Quartett«-Show ausgerichtet ist, lieben ihn die Menschen. Daß der Mächtige so schwach sein kann: wunderbar! Und für diese Wendung, da der Gefürchtete plötzlich den einen Autor, das eine Buch in seine Arme nimmt und zu seinem Schützling macht, sehnen sich die Schriftsteller, auch die jüngsten, gerade sie, heftig danach, von ihm wenigstens wahrgenommen zu werden. Wie schon der Dichter Wolfgang

Koeppen einmal sagte: »Er schreibt über mich, also bin ich.« Er redet über sie, also kommen sie zu Auflage.

Hans Magnus Enzensberger war es, der 1986 das Ende der herkömmlichen Literaturkritik als »Rezensenten-Dämmerung« beschrieben hat. »Es soll immer noch Autoren geben, die auf ihre Kritiker schimpfen«, höhnte er. »Aus schierer Gewohnheit setzen sie eine Kontroverse fort, die nie sonderlich produktiv gewesen ist.« Heute sei der »öde Streit« vollends lächerlich geworden. Der Kritiker alter Schule sei abgetreten, die Form der Rezension »offenbar nicht mehr zu retten«. Da die Literatur wieder zur Sache einer Minorität geworden sei, habe auch die literarische Kritik keine gesellschaftliche Aufgabe mehr. Befund: »ehrenvoll gescheitert«. Die Männer der Stunde seien die »Zirkulationsagenten« und Pädagogen: Showmaster eben. War das prophetisch auf Reich-Ranicki gemünzt? Jedenfalls hat der früher als andere erkannt, was die Stunde geschlagen hat. Fernsehzeit.

Und wenn das Schicksal gnädig ist, spielt sogar das Wetter mit. Einmal – es war im August 1993 – wollte Marcel Reich-Ranicki gerade wieder einmal kräftig über einen Roman von Martin Walser herziehen, als sich über der Stadt Salzburg, aus der – wie immer live – übertragen wurde, ein grimmiger Donner entlud. Sofort hob der Virtuose der Selbstinszenierung Hände und Gesicht gen Himmel und fragte die letzte Instanz: »Man wird doch wohl noch etwas gegen Walser sagen dürfen?« Gott schwieg. Und sein für Literatur und literarisches Leben zuständiger Stellvertreter auf Erden lächelte triumphal.

13. Nachrichten aus der Vergangenheit

Anfang der neunziger Jahre war er ganz weit oben auf der Leiter der Prominenz angekommen. Von Inseraten, die für Bürostühle oder eine Buchreihe warben, blickte er mal verschmitzt, mal gebieterisch. Ob bei Fuchsberger oder Gottschalk, ob im ZDF oder bei RTL, ob in »Hör zu« oder im »Playboy«, in der FAZ oder in der »Bunten«: Er war einfach unentbehrlich geworden. Über Thomas Mann sprach er heute in der Hansestadt Lübeck, über Döblin morgen in Leipzig. Ein Laudator wurde gesucht? Die Jury für einen literarischen Preis war zu besetzen? Ein Ärztekongreß wollte etwas über das Herz in der Literatur erfahren? Die jüdische Gemeinde suchte eine Attraktion? Unmöglich, an ihn nicht wenigstens zu denken.

Im Sommer 1993 wurde in der »Spiegel«-Redaktion überlegt, welchen Vorschlag für eine Titelgeschichte das Kulturressort zur Buchmesse im Oktober machen könnte: Viele Namen von Schriftstellern wurden erwogen und verworfen. Die Idee, es vielleicht mit einem Kritiker, mit Marcel Reich-Ranicki, zu versuchen, leuchtete auf Anhieb ein. Und so kam am 4. Oktober 1993 zum ersten Mal in der Geschichte des »Spiegels« ein Literaturkritiker auf das Titelbild – in der Form einer Hundekarikatur (Titelzeile: »Der Verreißer«, drinnen im Heft hieß es weniger reißerisch »Der Herr der Bücher«). Die Darstellung mißfiel dem Porträtierten übrigens arg, zumal er stundenlang für alternative Titelentwürfe einer Fotografin

Reich-Ranicki als »Spiegel«-Titelheld (1993) –
und alternative Titelentwürfe

Modell gesessen hatte. In einer vom »Spiegel« verantworteten Fernsehsendung konnte er noch in der Woche des Erscheinens seiner Empörung freien Lauf lassen, und er fuhr schwere Geschütze auf: »Ich habe das Titelbild als beschämend und empörend empfunden. Das ist eine Infamie, und zwar eine, ich weiß, wovon ich rede, im tief nationalsozialistischen Sinne. Da sind wir auf dem Niveau des Dritten Reiches.« Er nannte es eine schlimme Tradition, Menschen als Tiere abzubilden. Den Einwand, das sei keine Erfindung der Nazis und das Vorbild der Titelzeichnung entstamme bester deutscher Tradition, nämlich der Zeitschrift »Simplizissimus«, wollte er nicht gelten lassen. Noch stärker mißbilligte Reich-Ranicki die Titelzeile »Der Verreißer«: »Hier wird die Kritik als Beruf und als Zunft denunziert.«

Die Verbindung zwischen Reich-Ranicki und dem Nachrichtenmagazin reicht weit zurück – oft hatte der Kritiker zuvor die Unterhaltungs- und Informationsqualität des Blattes gelobt und sogar der deutschen Literatur als beispielhaft vorgehalten. Schon im Dezember 1966, als er noch nicht der »Quartett«-Meister im Fernsehen war, sondern als Teilnehmer des »Literarischen Kaffeehauses« im Rundfunk sprach, fragte sich Reich-Ranicki, »ob der Leser durch die ständige Lektüre des ›Spiegels‹ nicht besser als durch noch so kritische Romane lerne, an der Wirklichkeit zu zweifeln«. Er warnte 1980 davor, die Wünsche des Publikums zu mißachten: »Die Existenz des ›Spiegels‹ und auch des Fernsehens macht es den Lesern leichter, etwas Gräßliches zu tun – sich nämlich von der Literatur gähnend abzuwenden. Die deutschen

Schriftsteller wären gut beraten, dies nie zu vergessen.« Und noch in einem seiner letzten Zeitungsbeiträge als FAZ-Literaturchef resümierte Reich-Ranicki 1988, die Literatur müsse schon lange einen schwierigen Verteidigungskrieg führen – und es seien nicht nur »allerlei teuflische« technische Erfindungen, die ihre Existenz bedrohten: »Da gibt es, beispielsweise, ein regelmäßig erscheinendes Druckerzeugnis, das durchaus nicht den Ehrgeiz hat, Literatur zu publizieren, das indes ungleich interessanter, spannender und auch dramatischer ist als nahezu alle Romane und Erzählungen, die in unseren Jahren in deutscher Sprache geschrieben werden. Ich rede natürlich vom ›Spiegel‹.« Zum Beiträger war Reich-Ranicki erstmals im Frühjahr 1969 geworden, als er, damals fester Mitarbeiter der »Zeit«, eines der Bücher, die er sich zur Rezension gewünscht hatte, von der Redaktion nicht erhielt (es handelte sich um Reinhard Lettaus Prosaband »Feinde«). Prompt zeigte er seine Waffen und ging im »Spiegel« fremd. Jahrzehnte später, nach »Zeit«- und FAZ-Zeit, schrieb er für den »Spiegel« herbe Verrisse über neue Bücher von Grass (»Unkenrufe«) und Christa Wolf (»Auf dem Weg nach Tabou«).

Der Autorin aus der ehemaligen DDR mochte er noch im Frühjahr 1994 nicht verzeihen, daß sie der Idee vom Sozialismus nicht endgültig abgeschworen hatte. Nicht der Opportunismus sei der Autorin zum Verhängnis geworden, schrieb er, sondern ihr Glaube. Und es folgten die in einer Rezension zumindest ungewöhnlichen Worte: »Niemand zieht sie dafür zur Rechenschaft, am wenigsten der Schreiber dieser Zeilen, der auch einmal an den Kommunismus geglaubt hat, doch von der Partei mit gutem Grund ausgeschlossen wurde – übrigens vor knapp 45 Jahren. Nur sollte Christa Wolf nicht so tun, als geschähe ihr jetzt schreckliches Unrecht.« Gab er sich hier als Vorbild aus (Schlußstrich schon vor 45 Jahren)? Oder wollte er vielmehr die eigene Fehlbarkeit unterstreichen (auch er war einmal verführbar und gläubig)? Jedenfalls kann Reich-Ranicki mit Recht von sich sagen: »Ich habe nie DDR-Schriftsteller wegen ihrer Agententätigkeit attackiert, auch nicht Christa Wolf. Ich beschäftige mich mit Literatur und nicht mit Stasiakten.« Treue Haßliebe verbindet den Kritiker seit langem mit der Schriftstellerin: 1969 schrieb er erstmals eine Kritik über ein Buch der damals noch am Beginn ihrer DDR-Autorenkarriere stehenden Wolf – eine Hymne auf den Roman »Nachdenken über Christa T.«, auf die »poetische Verteidigung des Individuums«. Doch schon der Roman »Kindheitsmuster« (1976) war für ihn bloß noch »Christa Wolfs trauriger Zettelkasten«, ein »entwaffnend dilettantisches Buch«. Als »gesamtdeutsche Mahnerin vom Dienst« bezeichnete Reich-Ranicki die Autorin dann 1987. Der »Spiegel«-Beitrag 1994 mit dem Titel »Tante Christa, Mutter Wolfen« war der vorläufige Höhepunkt seiner Aversion gegen die Schriftstellerin.

Seine ehemalige Tätigkeit für den polnischen Geheimdienst wurde – Zufall oder nicht – wenige Wochen nach dieser strengen Wolf-Kritik ans Licht gebracht. Reich-Ranicki hatte bis dato nie ein Wort darüber verloren, nicht 1982 gegenüber Joachim Fest, nicht irgendwann bei anderer Interview-Gelegenheit, auch nicht 1993 in Gesprächen mit dem »Spiegel«. Es habe ihn nie jemand danach gefragt, sagte er später – bekannt sei doch seine Tätigkeit in Berlin und London nach dem Krieg gewesen: Das hätte zu denken geben können. Im zweiten »Spiegel«-Gespräch, in dem er dann 1994 erstmals über die hauptamtliche Geheimdiensttätigkeit berichtete (in diesem Buch Seite 190), gab er als Begründung für sein Schweigen an: Er habe Anfang 1950 in Polen eine Erklärung unterzeichnen müssen, nie ein Wort über seine Arbeit für den Geheimdienst zu verlieren. »Ich hielt es für ein Gebot der Loyalität, nichts über diese Angelegenheiten zu sagen.«

Die Enthüllungen über Reich-Ranickis polnische Geheimdienstarbeit begannen mit einer partiellen und nicht unerheblichen Falschmeldung. Am 27. Mai 1994, einem Freitag, verbreitete die Deutsche Presse-Agentur die Nachricht: »Der Literaturkritiker Marcel Reich-Ranicki soll Ende der vierziger Jahre Mitarbeiter des polnischen Geheimdienstes gewesen sein.« Angekündigt wurde eine Fernsehsendung am kommenden Sonntagabend (im Ersten Programm). Weiter hieß es dann: »Nach Angaben des Autors Tilman Jens hatte Reich-Ranicki 1948/49 als polnischer Generalkonsul in London die Aufgabe, Mitglieder der polnischen Exilregierung zur Rückkehr in ihre Heimat zu bewegen. Diese seien dann nach ihrer Ankunft in Polen vom sowjetischen Geheimdienst KGB verhaftet worden, sagte Jens der dpa auf Anfrage.«

Wegen der dramatischen Behauptung, der Konsul Ranicki habe andere Polen gewissermaßen ans Mes-

152

ser geliefert, erhielt die ganze Debatte um die Geheimdienstjahre des Kritikers von vornherein einen schrillen Beiklang. Belegt wurde sie nicht. In der TV-Sendung am 29. Mai war davon keine Rede mehr, und bald darauf rückte die Redaktion des WDR in einem Schreiben an einige Journalisten zaghaft von der ungeheueren Unterstellung ab: »Ob Herr Reich-Ranicki an der Rückführung von Exilpolen direkt beteiligt war, denen in Warschau der Prozeß gemacht wurde und die zum Teil hingerichtet worden sind, ist nicht zu beweisen.« (Was in anmaßender Weise immer noch mit der Möglichkeit spielte und eine indirekte Beteiligung nahelegte.) Daß ausgerechnet Tilman Jens Autor dieser Sendung war, der Sohn des einstigen Reich-Ranicki-Intimus Walter Jens, gab der Angelegenheit, die dann in den nächsten Wochen weidlich debattiert wurde, eine pikante Note.

Die Geheimdienst-Offenbarungen über den prominenten Kritiker waren *das* Sommerthema der Feuilletons. Die Affäre sei zum Schlager geworden, kommentierte der einstige »Quartett«-Mitstreiter Jürgen Busche in der »Süddeutschen Zeitung«, »weil Reich-Ranicki als Literaturkritiker berühmt ist – berühmter als alle Rezensenten, an die man sich erinnern kann«. Reich-Ranicki machte die Angelegenheit dadurch zusätzlich interessant, daß er zunächst nur einräumte, als Konsul in London »selbstverständlich« Kontakte zum Geheimdienst gehabt zu haben. Erst drei Wochen später, im »Spiegel« vom 20. Juni 1994, sagte er klar und unmißverständlich: »Jawohl, ich war in den Jahren 1948/49 Konsul der Republik Polen in London und gleichzeitig ständiger Mitarbeiter des polnischen Geheimdienstes.« In Warschau war nämlich zuvor – eher durch Zufall – ein Verzeichnis polnischer Geheimdienstleute aus den Jahren 1944 bis 1978 aufgetaucht, darunter auch eine Personalseite über »Reich, Marceli« (gesellschaftliche Herkunft: »kleinbürgerlich«, Nationalität: »jüdisch«, Rang: »Hauptmann«). Da war dann nichts mehr zu leugnen.

Reich-Ranicki fand viele Verteidiger, unter Kollegen und unter Schriftstellern. Noch einmal Busche: »Daß ein junger, soeben dem Tod durch die schlimmsten Feinde entronnener Mann in Polen, ein Kommunist, bei dem Versuch des Landes, nach der Besatzung durch die Nazis und in Gegenwart der allzu präsenten russischen Befreier, einen selbständigen Staat zu schaffen, sich an dieser Stelle engagiert, bedarf überhaupt keiner Rechtfertigung.« Im »Spiegel« schrieb Hellmuth Karasek: »Diejenigen, die sich heute darüber begeifern, daß jemand Hauptmann im Geheimdienst war, nachdem er sich 1944 aus freien Stücken zur polnischen Armee gerettet hatte, und jene, die mit fieberhafter Eile in polnischen Archiven wühlen, um eine vorausgejagte These nachträglich zu belegen und um dem Ex-Konsul nach 50 Jahren einen moralischen Strick zu drehen, die übersehen, welch bestialische Umstände damals die Wirklichkeit Polens bestimmten.«

Der Schriftsteller Siegfried Lenz war einer der ersten, der – ebenfalls gegen Tilman Jens gerichtet – fragte: »Hat der selbsternannte Untersuchungsrichter nicht gewußt, daß es in diesem verdammten Jahrhundert politische Konstellationen gab, unter denen Menschen ihre Hoffnungen auf den Kommunismus setzten?« Rolf Hochhuth stellte die Frage, warum Reich-Ranicki sich überhaupt »rechtfertigen« solle – »und vor allem: wieso eigentlich vor uns Deutschen, die wir, außer seiner Frau, seine gesamte Familie, Eltern, Bruder, und über zwanzig weitere Angehörige vergast haben!« Er müsse doch wohl nicht erklären, »warum er, zehn Jahre bevor dieser Ankläger (Tilman Jens) zur Welt kam, als Vierundzwanzigjähriger für sechs Jahre dem Geheimdienst seines Vaterlandes gedient hat, das ihn mit knapper Not allein dank der Roten Armee vor der Ermordung durch uns Deutsche retten konnte«. Auch Martin Walser empfand die Enthüllungen als »moralische Besserwisserei«.

Aus Polen meldete sich Andrezj Szczypiorski zu Wort: »Die Attacken auf Marcel Reich-Ranicki sind in meinen Augen nichts als ein Zeichen von Hysterie – und zugleich ein Versuch, die politische Zwiespältigkeit der Deutschen an jemandem abzureagieren.«

Der Schriftsteller und Verleger Michael Krüger resümierte später in der Zeitschrift »Akzente« (Februar 1995): »Monatelang wurde seitenverschlingend die Frage diskutiert, warum der Kritiker Marcel Reich-Ranicki es nicht für nötig gehalten hat, dem deutschen Volk mitzuteilen, was er unmittelbar nach Kriegsende getan hat.« Er sprach von einem »autistischen Irrwitz«, der sich an Reich-Ranicki in einer Welt der »sogenannten Medienskandale« ausgetobt habe: »Wer nichts zu sagen hat, will wenigstens mitreden.«

14. Vaterland? Die deutsche Literatur

Wenige Monate nach dieser Sommer-Aufregung hielt Reich-Ranicki in München seine viel beachtete »Rede über das eigene Land«. Da hatten sich, im November 1994, die Gemüter längst wieder beruhigt, und der von Beifall immer wieder unterbrochene Rhetor kam nur noch mit wenigen Sätzen auf die ganze Angelegenheit zu sprechen. Er wisse nicht recht, sagte er, warum er als Jude, »der aus Deutschland nach Polen vertrieben wurde und dort unter deutscher Bestialität jahrelang zu leiden hatte«, der deutschen Öffentlichkeit Auskunft und Rechenschaft darüber schuldig sein sollte, »was ich während des Krieges gegen das ›Dritte Reich‹ und in der ersten Nachkriegszeit als polnischer Staatsbürger in der polnischen Armee und in polnischen Behörden getan habe«. Und: »Wenn ich damals, noch im Krieg gegen das nationalsozialistische Deutschland, dem Ruf polnischer Behörden, im Auslands-Nachrichtendienst zu arbeiten, nicht gefolgt wäre – ich hielte es heute noch für einen Flecken in meiner Biographie. Ich müßte auch heute noch den Blick zu Boden senken.«

Dem ist wenig entgegenzuhalten. Von einem Anspruch auf Auskunft oder gar auf Rechenschaft wird im Zusammenhang mit diesem Lebensabschnitt niemand sprechen wollen. Selbst die Frage, wann genau und unter welchen Umständen Reich-Ranicki sich von der kommunistischen Lehre und Partei endgültig abgewendet hat, ist seine private Angelegenheit – sofern er nicht die eigene Vita als Argument zur Beurteilung fremder Lebensläufe einführt, wie es bei Christa Wolf den Anschein haben konnte. Doch selbst diese Verquickung von Literaturkritik und eigener Lebensgeschichte ist nicht so gravierend wie die Überlegung, ob Verläßlichkeit von Zeugenschaft teilbar ist. Noch einmal: Niemand – zumal von uns Deutschen – kann ihn, einen jüdischen Bürger unserer Republik, in den Zeugenstand zwingen. Doch hat Reich-Ranicki vorher, vor der Debatte um seine polnische Polit- und Geheimdienstkarriere, die Rolle eines Zeugen des Jahrhunderts nicht rundheraus abgelehnt. Deshalb haben wir, haben viele nachgefragt: Um auch die Fortsetzung der Geschichte zu erfahren, den Weg heraus aus dem Ghetto und dem Krieg – nicht aus purer Neugier, sondern aus Respekt und voll Vertrauen gegenüber einem großen Zeugen dieses verworrenen und mörderischen Jahrhunderts. Und deshalb war es gut und wichtig, daß Reich-Ranicki auch Teile seines Lebens ausgeleuchtet hat, die er vielleicht lieber im Dunkeln gelassen hätte.

Vielleicht gibt es noch einen Grund, warum sein anfängliches Zurückzucken, die Geheimdienstkarten auf den Tisch zu legen, manchen – auch unter seinen Anhängern und Freunden – irritiert hat. Wie bei keinem anderen Kritiker unserer Zeit rührt Reich-Ranickis Ansehen von einer durch Person und Biographie beglaubigten Autorität, ja Integrität her: Die Zuschauer am Fernsehschirm, die Zuhörer seiner Vorträge, auch die Leser seiner Kritiken glauben, daß er es ehrlich meint, sie sind davon überzeugt, daß er nicht Moden oder Klüngeln nachspricht, sondern seine unverfälschte Meinung sagt. Er suggeriert

Aufrichtigkeit und Mut zu kämpferischen, auch einzelkämpferischen Positionen. Selbst kritische Geister, intellektuelle Gegner können seinem Auftritt und Charme erliegen. Und genau diese Glaubwürdigkeit, an die sämtliche Äußerungen von ihm in letzter Instanz appellieren, schien für einen Augenblick in Gefahr zu sein. Nicht deshalb, weil er Jahrzehnte über die polnischen Aktivitäten geschwiegen hatte, sondern deshalb, weil er, als die ersten Hinweise kamen, die Angelegenheit zu vernebeln trachtete – obgleich dazu, von außen betrachtet, gar kein Grund bestand.

Hinter viele seiner literaturkritischen Urteile lassen sich Fragezeichen setzen, es lassen sich Widersprüche, Unbeholfenheiten und Mängel aufzeigen. Seine ästhetischen Vorentscheidungen kann man in Frage stellen, seine literarischen Favoriten für überbewertet, seine Verurteilungen und Verrisse für kritisierbar halten. Jenseits all dieser angreifbaren und zu Diskussion und Widerspruch reizenden Positionen aber existiert ein Kern, der unantastbar war und am Ende geblieben ist: die Leidenschaft zur Literatur, der rastlose Einsatz der ganzen Persönlichkeit, die mitunter erdrückende geistige Ruhelosigkeit. Da wirkt eine – mit Nietzsche gesprochen – »plastische Kraft«, die in tausend Einzelheiten angreifbar sein mag und dennoch immer wieder triumphiert. Und auch viele der von ihm auf die Ränge verwiesenen oder, schlimmer noch, ignorierten Schriftsteller, gestehen insgeheim ein, von ihm doch fasziniert und von der Tatsache beeindruckt zu sein, daß er die Literatur so unbeirrt vergöttert. Und das in einer Zeit, wo die Dichter selbst gelegentlich an ihrer Profession zweifeln. Reich-Ranicki ließ sich, nachdem er das Dogma der marxistischen Literaturbetrachtung einmal hinter sich gelassen hatte, von keiner Parole des Tages mehr beeindrucken, weder von der Behauptung, daß jeder ein Künstler sei, noch von der Ansicht, daß Literatur überflüssig und das Erzählen aus der Mode gekommen sei, schon gar nicht von jener Avantgarde, die die Welt für zu unübersichtlich und daher unbeschreibbar hält.

»Sonderbare Menschen sind sie doch, diese Kritiker: Sie wollen der Literatur dienen oder dem Theater, die Wahrheit wollen sie sagen (genauer: was sie für die Wahrheit halten), sie loben und tadeln, sie tun Gutes und richten auch Unheil an – und bei allem möchten sie nicht nur anerkannt sein, nein, sie möchten auch noch geliebt werden, und womöglich von denen, über die sie sich (bisweilen schonungslos) geäußert haben.« So hat er schon vor Jahren geschrieben. Und auch das könnte zu seinem enormen Erfolg und Einfluß beigetragen haben: daß hinter seinen unerbittlichen Urteilen und auftrumpfenden Behauptungen die verletzliche Seele spürbar wird, daß er, wenn er von Literatur redet, auch von sich spricht, daß er – merkwürdiger Widerspruch zu seiner Härte – anerkannt und, ja tatsächlich, geliebt werden möchte. Noch einmal Nietzsche: »An Systemen, die widerlegt sind, kann uns nur noch das Persönliche interessieren; denn dies ist das ewig Unwiderlegbare.«

Die Ansprache in München, eine autobiographische Skizze von der Kindheit bis zur Gegenwart, war eine meisterhafte Darstellung des eigenen Lebenswegs, geleitet von der Frage, was ihm das Deutsche und Deutschland bedeuten. In diesem Zusammenhang spürte Reich-Ranicki auch noch einmal der Frage nach, was ihn einst zum Kommunismus hingezogen habe: »Daß ich mein Leben der Roten Armee verdankte?« Er antwortete: »Natürlich, aber es war noch viel mehr: Der eine Zuflucht benötigte, geriet in ein weltweites Kollektiv von Gleichgesinnten, in eine universale Bewegung, von der sich viele Intellektuelle die Lösung der großen Probleme versprachen. Ich bildete mir ein, endlich gefunden zu haben, was ich schon lange benötigte: eine Zuflucht, wenn nicht gar Geborgenheit. Die Küste des gelobten Landes glaubte ich zu sehen.« Sein Fazit im Rückblick: »Nur hatte ich für eine Realität gehalten, was bloß eine Fata Morgana war.«

Er habe keine Heimat und kein Vaterland, schloß Marcel Reich-Ranicki seine Rede, sein persönliches Credo. »Aber ich beklage mich nicht. Denn letztlich bin ich doch wohl kein heimatloser, schon gar nicht ein wurzelloser Mensch.« Heines Formulierung vom »portativen Vaterland« aufgreifend, bekannte er sich zu einer gewissermaßen transportablen Heimat, die »nicht die schlechteste« sei. Welche das ist? »Die Literatur, genauer, die deutsche Literatur«.

Zweiter Teil

Gespräche mit Marcel Reich-Ranicki

Vorbemerkung zu den Interviews

Zwischen den beiden »Spiegel«-Interviews mit Marcel Reich-Ranicki liegen nur neun Monate, tatsächlich aber Welten. Im September 1993 gab der allseits gefeierte, selbst durch Anfeindungen nur noch prominenter gewordene Souverän der Literaturkritik, der Star des »Literarischen Quartetts« huld- und humorvoll Auskunft über sein bewegtes Leben. Im Juni 1994 war Reich-Ranicki mit seiner bis dahin der Öffentlichkeit unbekannten Geheimdienstvergangenheit konfrontiert und für kurze Zeit in die Defensive gedrängt worden: Er befreite sich in diesem Gespräch mit einer ausführlichen Darstellung der zuvor verschwiegenen oder nur halbherzig eingeräumten Details.

Das erste Interview ist hier gegenüber der »Spiegel«-Fassung anhand des Tonbandprotokolls erheblich erweitert und verändert worden, das spätere hingegen als Dokument Wort für Wort so wiedergegeben, wie es im »Spiegel« zu lesen war – auch wenn Reich-Ranicki sich in der damals journalistisch gebotenen Eile in wenigen Punkten geirrt hat.

So muß seine Formulierung, er kenne »keinen einzigen Fall, daß jemand zur Rückkehr nach Polen überredet und dann den Russen ausgeliefert wurde«, insofern präzisiert werden, als in Berichten seines Konsulats nach Warschau von »Massen-Repatriierung« sehr wohl die Rede war. Er habe den Begleitbrief zu den Berichten, die von den zuständigen Abteilungsleitern stammten, unterschrieben, ohne diese Texte im einzelnen zu kennen, erklärt er heute dazu. Sie hätten auch ausschließlich die auslaufende Rückführung von Zivilpersonen betroffen – die Rückführung von polnischen Offizieren und Soldaten sei Sache des Militärattachés gewesen.

Pure Irreführung – »Desinformation« mag das in Geheimdienstkreisen heißen – war das Füllhorn von sieben Decknamen, das Reich-Ranicki vor dem erstaunten Publikum ausschüttete. Echt von den vielen wohlklingenden Namen ist nur einer, wie Reich-Ranicki nun einräumt: »Albin«.

I. »Kritiker sind einsam«

Frage: Herr Reich-Ranicki, 1988 sind Sie – als leitender Literaturredakteur der »Frankfurter Allgemeinen«, nicht als Literaturkritiker dieser Zeitung – in den Ruhestand gegangen. Danach wurde Ihr Leben erst richtig turbulent: Sie wurden ein Fernsehstar.

Reich-Ranicki: Mein sogenannter Lebensabend präsentiert sich mir in der Tat ganz anders, als ich dies damals vermuten konnte.

Frage: Wie erklären Sie sich selbst diesen Triumph des Literatur-Rentners?

Reich-Ranicki: Eigentlich ist es nicht die Sache des Betroffenen, sich den eigenen Erfolg zu erklären. Das sollten andere tun.

Frage: Damit Sie das Ergebnis dann kritisieren können. Nein, versuchen Sie es doch einmal selbst.

Reich-Ranicki: Die Sache ist so: In der Literaturkritik dieses Landes wird zuviel gelobt, obwohl die meisten Bücher, die hier erscheinen, schlecht sind.

Frage: Warum wird soviel gelobt?

Reich-Ranicki: Es lebt sich schon angenehmer, wenn man den Mitmenschen rühmt und preist. Wer dagegen ein Buch tadelt, hat Kummer. Ich habe sehr viele negative Kritiken geschrieben, fast ausschließlich über bekannte und anerkannte Autoren – Anfänger habe ich nie verrissen. Wenn ich dann aber mal lobe, glauben mir die Leser – mehr als anderen Kritikern.

Frage: Das erklärt teilweise Ihren Erfolg als Kritiker in

der Zeitung. Aber nicht die Fernseh-Popularität der jüngsten Zeit.

Reich-Ranicki: Der Ruf, ein böser Mensch zu sein, hat mir auch im Fernsehen Aufmerksamkeit beschert. Aber nun kommt eine wichtige Sache hinzu. Ich habe oft erlebt, daß mir jemand erzählt hat: »Also, ich habe vorgestern den Max Frisch im Fernsehen gesehen. Der trug keine Krawatte.« Aber worüber Frisch gesprochen hatte, das wußte mein Bekannter dann nicht mehr genau. Im Fernsehen wird der Zuschauer vom Anblick des Sprechenden abgelenkt – von der Krawatte, vom Jackett, von der Frisur – bei meiner Frisur besteht die Gefahr übrigens nicht. Daraus folgt: Man muß besonders klar, anschaulich und griffig sprechen. Und es muß eine erregte Debatte geben, bei der die Teilnehmer spontan und direkt streiten. Beides fällt mir nicht schwer.

Frage: Sie zanken sich eben gerne. Und in der Vereinfachung waren Sie immer schon ein Weltmeister.

Reich-Ranicki: Im Fernsehen muß ich auf viele Nuancen verzichten, ich muß alles vereinfachen, nicht weil die Zuschauer dumm sind oder ungebildet, sondern weil der Text gehört wird, nicht gelesen. Wegen der Ablenkung durch das Bild muß man sogar noch griffiger reden als im Hörfunk.

Frage: Ihre Erfolgssendung »Das literarische Quartett« ist im Grunde ja gefilmter Hörfunk, Anti-Fernsehen.

Reich-Ranicki: Nein, nein, das ist nicht richtig. Die Fernsehleute meinen oft, Fernsehen sei ein visuelles Medium, und das Visuelle bestehe darin, daß man Wiesen und Wälder und vor allem Bäche filmt, das Meer, Flüsse, Wellen verschiedener Art, auch Springbrunnen – eben Wasser in Bewegung. Eine völlig falsche Meinung. Für das »Quartett« habe ich von Anfang an die Bedingung gestellt: Keine Filmeinblendung dieser Art, auch keine Unterbrechung durch irgendein schlechtes Lied – nur die Gesichter und die Gespräche über Bücher . . .

Frage: Die Leute interessieren sich eigentlich nur für den Auftritt von Marcel Reich-Ranicki.

Reich-Ranicki: Unsinn. Die Sendung lebt unter anderem von dem Gesichtsausdruck der vier Teilnehmer und davon, daß sich aus dem Streit dieser Teilnehmer verschiedene Urteile ergeben, die das Publikum überprüfen möchte nach dem Motto: Zum Donnerwetter, wer hat denn nun recht? Und da kaufen die Leute manchmal das Buch, weil sie uns nicht ganz trauen.

Frage: In einem Buch-Gespräch mit dem Germanisten Peter von Matt haben Sie zugegeben: Ein Autor, der »von einem breiten und meist an der Kunst nicht interessierten Publikum verstanden« werden wolle, müsse »auf neuartige Ausdrucksmittel verzichten und sich der gängigen, der populären Mittel bedienen«, er sollte also »Romane wie etwa Simmel schreiben«. Gilt ähnliches nicht auch für den Kritiker im Fernsehen? Ist der Fernsehstar Reich-Ranicki der Simmel der deutschen Literaturkritik?

Reich-Ranicki: Das ist eine Frechheit. Aber gar nicht so falsch.

Frage: Auf Ihre alten Tage haben Sie sogar den Simmel gern.

Reich-Ranicki: Nein, nein, nein, nun lassen Sie mal den Simmel weg! Sie tun einem ehrenwerten Menschen vielleicht Unrecht. Ich habe immer die Neigung gehabt, verstanden zu werden. Ich habe ja so oft schon erlebt, daß mir Leute sagten: »Sie haben aber böse über das Buch geschrieben« – es war eine Hymne. Und umgekehrt. Was so Leser alles mißverstehen! »Du mußt es dreimal sagen« – Mephisto zu Faust. Der Kritiker muß erst recht, wenn er für das Fernsehen über Bücher und Schriftsteller spricht, auf seine literaturkritischen Ambitionen teilweise verzichten. In der Zeitung liefere ich eine Analyse mit Bewertung. Das versuche ich im Fernsehen nicht.

Frage: Keine Analyse?

Reich-Ranicki: Nein. Ich will einen Eindruck von dem Buch vermitteln und ein Interesse für oder gegen das Buch wecken. Ich will Leute dazu bringen, daß sie das Buch lesen. Ich will versuchen anzudeuten – anzudeuten! –, was an dem Buch gut oder schlecht ist. Natürlich sind es immer, wenn Sie mir das Wort verzeihen: Abbreviaturen, Abkürzungen. Natürlich ist es immer vereinfacht. Meine eigentliche Arbeit ist die gedruckte Kritik.

Frage: Seit Sie soviel im Fernsehen auftreten, hat sich auch der Stil Ihrer gedruckten Arbeiten verändert.

Reich-Ranicki: Verschlechtert?

Frage: Er ist rhetorischer geworden, etwas talkshowartig, Sie sprechen manchmal mit sich selber, erzählen im Plauderton von Ihrer langjährigen Auseinandersetzung mit Martin Walser oder einem anderen Schriftsteller.

Reich-Ranicki: Ja, es ist möglich, daß dies mit meinem Alter zu tun hat, weniger mit dem Fernsehen. Wenn Kritiker, überhaupt Schriftsteller älter werden, schreiben sie über manches lockerer, souveräner. Es gibt Sachen, über die ich in einer Kritik in der Tat vor zehn Jahren nicht geschrieben hätte. Und heute sage ich: Ja, einen solchen Schlenker kann ich mir leisten.

Frage: Klarer, lockerer – das klingt gut. Plakativer und redseliger klingt weniger gut.

Reich-Ranicki: Wieso plakativ?

Frage: . . . verständlich auf Anhieb, und zwar für viele.

Reich-Ranicki: Ihre – etwas gemeine – Diagnose ist: Er schreibt oder redet so simpel, daß er erfolgreich ist. Simpel schreiben aber auch andere und sind nicht erfolgreich.

Frage: Talkmaster, Festredner, Jury-Vorsitzender, Zeitungs- und Buchautor, Professor – diese geschickte Bündelung verschiedener Tätigkeiten in verschiedenen Medien ist eben nicht jedem gegeben. Verzetteln Sie sich dabei nicht? Versäumen Sie nicht etwas Wesentliches, zum Beispiel: Ihre Autobiographie zu schreiben?

Reich-Ranicki: Ja, klar. Ich bin um diese Autobiographie schon oft von Verlegern und anderen Menschen, meiner Familie übrigens auch, gebeten, gedrängt worden. Ich werde sie auch schreiben.

Frage: Ein Verlag soll Ihnen 300.000 Mark Honorar geboten haben.

Reich-Ranicki: Zwei Verlage haben mir in der Tat sehr hohe Beträge angeboten. Sie meinen vielleicht, diese Verleger hätten das Bedürfnis, der Nation meine Biographie zugänglich zu machen. Nein, dahinter verbirgt sich das dringende Bedürfnis der Verleger, Geld zu verdienen. Die bilden sich ein, mein autobiographisches Buch könnte viele Abnehmer finden. Das mag ja sein.

Frage: Sind Sie bisher nicht zum Schreiben gekommen oder wollten Sie einfach nicht?

Reich-Ranicki: Einerseits haben mich immer viele andere Arbeiten abgelenkt, andererseits gab es große Hemmungen, etwas Autobiographisches zu schreiben.

Frage: Warum?

Reich-Ranicki: Letztlich ist es, mit Verlaub, einfacher, über Lessing oder Goethe zu schreiben als über sich selbst. Außerdem weiß ich, daß alle Autobiographien gelogen sind. Sie enthalten Entstellungen, Fälschungen, Retuschen verschiedenster Art. Ich glaube, man kann von einem Menschen gar nicht erwarten, daß er die volle Wahrheit über sich selber preisgibt. Ich hatte keine Lust, ein verlogenes Buch zu schreiben.

Frage: Selbst verlogene Bücher lesen sich zuweilen amüsant und ergreifend.

Reich-Ranicki: Es gibt noch einen Grund: meine Erlebnisse während des Zweiten Weltkriegs. Was ich in der Berliner Schule erlebt habe, steht in einem Aufsatz des von mir herausgegebenen Sammelbandes »Meine Schulzeit im Dritten Reich«. Aber meine Erlebnisse im Krieg, im Warschauer Ghetto, nach der Flucht aus dem Ghetto – darüber schreiben heißt: das Ganze noch einmal irgendwie in Gedanken erleben. Davor habe ich Angst.

Frage: Sie könnten später anfangen: mit Ihrer Nachkriegs-Laufbahn als kommunistischer Literaturkritiker in Polen.

Reich-Ranicki: Ja, da sind Sie schon dabei, mir Ratschläge zu erteilen. Wenn ich wirklich mit dem Buch beginne, werde ich mich nochmals an Sie wenden. Ein autobiographisches Buch, an dem mir eigentlich gelegen ist, hat den Arbeitstitel »Meine Sorgen mit deutschen Schriftstellern«.

Frage: Unmittelbar nach dem letzten Krieg hatten Sie andere Sorgen. Da gehörten Sie zu den polnischen Kommunisten, die eine neue Gesellschaft aufbauen wollten, da war Ihnen die Politik wichtiger als die Literatur.

Reich-Ranicki: Das war eine schwere Zeit. Eine Zeit, in der ich einen alles in allem falschen Weg gegangen bin. Damals habe ich viel gelernt fürs ganze Leben – aber es war auch keine Zeit, die ich summa summarum verdrängen möchte. Das nun nicht.

Frage: Darüber werden und können Sie auch schreiben?

Reich-Ranicki: Ja. Es ist zweierlei: zu schreiben, warum ich Kommunist geworden bin; und warum ich aufgehört habe, Kommunist zu sein.

Frage: Warum sind Sie denn Kommunist geworden? Andere Opfer des Naziregimes haben sich ja von jeglichem Totalitarismus abgewandt. Der Prager Jude H. G. Adler, der Auschwitz überlebt hat, entschied sich für die britische Demokratie: Er ging nach England.

Reich-Ranicki: Der Kommunismus hat mich schon in meiner Jugend interessiert. Ein Schwager von mir, ein intelligenter Marxist, hat mich beeinflußt. Das Entscheidende: Ich verdanke, wie meine Frau, der Roten Armee mein Leben. Wäre sie damals vier Wochen später nach Warschau gekommen, meine Frau und ich wären nicht am Leben geblieben. Aber ich bin nicht aus bloßer Dankbarkeit Kommunist geworden, sondern von der Überzeugung her, daß die Sowjetunion in hohem Maß mit dazu beigetragen hat, Hitler und das Dritte Reich zu besiegen. Nach der Flucht aus dem Ghetto habe ich mich viele Monate in einem dunklen Keller versteckt, wo ich nicht einmal lesen konnte. Da konnte ich über manches nachdenken. Ein Gedanke kam mir immer wieder: Wo ist der Fehler, der es überhaupt zu diesem Nationalsozialismus und zum Zweiten Weltkrieg hat kommen lassen? Ich glaubte, der Fehler sei die Gesellschaftsordnung. Ich glaubte, sie müsse verändert werden. Die Alternative, die ich damals sah, war der Kommunismus.

Frage: Daß Stalin den Marxismus äußerst brutal durchgesetzt und verbogen hatte, war Ihnen noch nicht aufgefallen?

Reich-Ranicki: Doch. Ich wußte schon in Umrissen von den Moskauer Prozessen. Ich hielt das ziemlich lange für schreckliche Kinderkrankheiten des Kommunismus. Ich wollte eben unbedingt an der Weltveränderung mitwirken. Da war noch ein anderer Punkt. Sehr lange Zeit, vor allem nach der Flucht aus dem Ghetto, war ich zur vollkommenen Untätigkeit gezwungen. 1945 war ich 25 Jahre alt und überzeugt, ich sei viel zu alt zum Studieren. Ich wollte aber tätig sein, ich wollte etwas tun. Ein neuer Staat, der gegründet wird auf den Ruinen – da bot sich die Möglichkeit, endlich aktiv zu sein.

Frage: So sind Sie dann in die Politik geraten.

Reich-Ranicki: Ja, erst war ich in Berlin, dann, als polnischer Konsul, in London. Bald zeigte sich zwischen Vision und Realität eine gigantische Kluft. Ich war überzeugt, das werde sich allmählich ändern und bessern.

Frage: Wie lange waren Sie Kommunist?

Reich-Ranicki: Ich bin Ende 1949 auf eigenen Wunsch von dem Posten in London abberufen worden. Ich wurde 1950 aus der Partei geschmissen.

Frage: Warum?

Reich-Ranicki: Aus ideologischen Gründen. Ich hatte offen gesagt, daß ich nach der Affäre mit Tito in Jugoslawien, nach den antisemitischen Prozessen in Bulgarien oder Ungarn diesen Staat, der das alles mitverantwortete, nicht mehr repräsentieren könne. Es wurden damals viele Leute aus der Partei geworfen. Es war eine sogenannte Säuberung.

Frage: Aber mit der marxistischen Ideologie haben Sie damals noch nicht gebrochen?

Reich-Ranicki: Ich hielt den Rausschmiß aus der Partei für eine falsche Entscheidung und wehrte mich dagegen. Nur weil der Bischof mit einer Frau geschlafen hat, ist doch nicht gleich das Christentum schlecht. Vom Marxismus habe ich mich ganz allmählich entfernt – bis zu der Entscheidung, diesen Staat Polen zu verlassen. Diese Entscheidung fiel eigentlich erst 1956. Vorher hatte ich in einem Verlag gearbeitet und glücklicherweise begonnen, Kritiken zu schreiben. Als ich aus dem Verlag auch weg mußte, wurde ich, was man wird, wenn man gar nichts gelernt hat: Freier Schriftsteller.

Frage: 1952 sind Sie in Warschau Bertolt Brecht begegnet. Was hat sich da abgespielt?

Reich-Ranicki: Ich hatte, als Brecht Ende Februar 1952 nach Warschau kam, einen Artikel über ihn in der größten Warschauer Tageszeitung geschrieben, einen Begrüßungsartikel. Selbigen Artikel hat, was ich nicht wußte, die Botschaft der DDR ins Deutsche übersetzen lassen und ihm auf dem Flughafen ausgehändigt. Er las ihn, war zufrieden; denn ich habe ihn gelobt und gerühmt. Ich wollte gern auch ein Interview mit Brecht machen. Aber es wurde bekanntgegeben, Brecht könne niemanden empfangen, er sei krank.

Helene Weigel, die mit ihm zusammen war und ihm als Hofmarschällin den Kontakt mit der Welt herstellte, bat mich bei einem Mittagessen in einen Zimmerwinkel und sagte mir: »Brecht ist krank. Er kann niemanden empfangen, aber für Sie macht er eine Ausnahme. Kommen Sie heute um fünf Uhr ins Hotel Bristol, Zimmer 93. Er wird mit Ihnen sprechen.« Ich war glücklich. Ich ging hin. Im Korridor hat vor der Tür schon ein Herr gewartet, ein Übersetzer. Ich guckte mich um, da wartete noch ein Herr, ein Verleger. Und jemand war schon drin bei Brecht. Wir standen Schlange, um bei ihm vorgelassen zu werden. Aber jedem war mitgeteilt worden: »Nur Sie werden empfangen.«

Ich kam ins Zimmer und habe etwas gesehen, was mich verwundert hat: Brecht saß hinter einem Tisch. Zwischen Brecht und dem Gast war eine große Schale, und auf der Schale lag etwas, was man in Warschau damals nie sehen konnte: Apfelsinen, Bananen und Weintrauben. So etwas konnte man in Warschau nicht kaufen – ausgeschlossen! Die hatte Brecht entweder aus Berlin mitgebracht, oder die Botschaft der DDR hatte sie ihm hingestellt. Ich bin nicht sicher, ob er das absichtlich da auf dem Tisch hat stehen lassen oder nicht. Eins ist aber sicher: Er hat keinem von uns etwas von den Südfrüchten angeboten. Und der Teller mit den Köstlichkeiten schuf eine Kluft zwischen ihm und dem Gast.

Das Gespräch drehte sich dann zum Teil um Shakespeares »Coriolan«. Er hatte damals den »Coriolan« für das Berliner Ensemble vorbereitet, in einer neuen Übersetzung. Er sagte mir, er wolle mit dem Stück gegen die Wiederaufrüstung in der Bundesrepublik kämpfen. Ich entgegnete: »Gibt das Stück dies her?« Er: »Nun, mit den Mitteln der Regie, der Schauspielkunst, auch der Übersetzung – aber das alles wird nicht reichen. Ich werde (und er nannte eine Zahl, die ich vergessen habe) soundsoviel Verse dazuschreiben müssen zu dem Stück.« Ich fragte: »Zu Shakespeare dazuschreiben?« Und er antwortete ganz kühl: »Warum nicht?«

Dann war da eine Peinlichkeit, die mir passiert ist. Ich hatte in dem Gespräch eine furchtbar dumme Frage gestellt. Ich gebe zu, es war ein Augenblick der Verblödung. Er erzählte von einem neuen Stück, an dem er damals arbeitete. Ich fragte treuherzig: »Vielleicht so etwas im Stil der Dreigroschenoper?« Er wandte sich, peinlich berührt, ab und antwortete: »Nein, so schreibe ich schon lange nicht mehr.« Da war ich aufgewacht und sagte: »Herr Brecht, ich kann das gut verstehen, daß Sie das nicht hören wollen. Goethe konnte es auch nicht ertragen, daß man ihn ein Leben lang auf den Werther ansprach.« Brecht lächelte zufrieden. Der Vergleich schien ihm durchaus angemessen. Man konnte mit Brecht im Grunde genommen über nichts anderes reden als über sein Werk. Sicher hat er mit anderen auch über andere

Dinge gesprochen. Aber wenn er, wie in meinem Fall, einen Kritiker kennenlernte, war seine einzige Überlegung: Wie kann ich den verwerten? Wie kann ich ihn für die Popularisierung meines Werkes benutzen? Ich nehme an, Schiller hätte sich genauso benommen. Und Thomas Mann ebenfalls. So sind eben die Autoren. Jedenfalls die genialen.

Frage: Als Sie 1958 in die Bundesrepublik kamen, haben Sie erstaunlich rasch in wichtigen Zeitungen Kritiken veröffentlicht. Wie war das möglich?

Reich-Ranicki: Als ich hierher kam, habe ich natürlich die Literatur dieses Landes von außen gesehen. Das gab mir die nötige Distanz. Andererseits habe ich über die Gruppe 47 sofort Einblick in das literarische Leben gehabt. Kein anderer deutscher Schriftsteller hat mir damals so geholfen wie Siegfried Lenz. Sehr gut fand ich auch das Verhalten von Georg Ramseger, dem damaligen Feuilletonchef der »Welt«. Ich fragte ihn: »Kann ich für Sie schreiben? Ich bin Kritiker und aus Warschau gekommen.« Theatralisch stand er auf und öffnete den Schrank, der hinter ihm stand. Er griff aufs Geratewohl ein Paket Bücher heraus – drei, vier, fünf –, legte sie auf den Tisch und sagte: »Hier haben Sie Bücher. Schreiben Sie Kritiken. Wenn sie gut sind, werden wir sie drucken. Wenn sie schlecht sind, werden wir sie nicht drucken. Das ist das, was ich für Sie tun kann.« 1959 durfte ich dann in der »Welt« schon über ein wichtiges Buch schreiben: Heinrich Bölls neuen Roman »Billard um halb zehn«.

Frage: Heinrich Böll hat Ihnen damals auch geholfen.

Reich-Ranicki: Böll auch. Seine Worte werde ich nicht

vergessen: »Sie werden«, sagte er mir 1958, »viel mit Behörden zu tun haben. Da muß man Zeugenaussagen haben. Ich bin ein sehr guter Zeuge.« – Da sprach der rheinische Schelm.

Frage: Im literarischen Leben der Bundesrepublik fehlten nach dem Krieg, fehlen noch heute die jüdischen Kritiker – im Unterschied zur Weimarer Republik. Erklärt auch das Ihren schnellen Erfolg und Ihre einzigartige Position? Fehlt Ihnen die gleichwertige Konkurrenz?

Reich-Ranicki: Kritiker der Zwanziger Jahre wie Kurt Tucholsky, Alfred Polgar, Walter Benjamin, Karl Kraus, Alfred Kerr, waren stärkere Figuren als die, die es so heute gibt. Die Konkurrenz, mit der ich es damals zu tun gehabt hätte . . .

Frage: . . . wäre mächtiger gewesen.

Reich-Ranicki: Oh ja. Die wäre stärker gewesen. Von Tucholsky, Polgar oder Alfred Kerr habe ich ja auch mehr gelernt als von jedem zeitgenössischen Kritiker.

Frage: Haben Sie, als Sie 1958 nach Deutschland kamen, vom schlechten Gewissen der Deutschen Vorteile gehabt?

Reich-Ranicki: Meine Kritiken hätten genauso gewirkt, auch wenn kein Mensch gewußt hätte, daß ich Jude bin. Im übrigen sehe ich nicht die roten Teppiche, die man vor mir ausgerollt hätte, weil ich als Jude nach Deutschland zurückgekommen bin. Die Wahrheit ist: Ich habe viele, viele Jahre, von 1958 bis 1973, in einer ganz kleinen Zweieinhalb-Zimmer-Wohnung in Hamburg gewohnt, mit Frau und Sohn – ich konnte mir keine andere leisten. Keine einzige Institution hat mir in dieser Zeit auch nur den kleinsten Posten angeboten – kein Verlag, kein Rundfunk-sender, keine Zeitung. Ich war bei der »Zeit« angestellt, aber ich bin nie in die Redaktion geholt worden. Erst die »Frankfurter Allgemeine« tat dies – 1973. Also, für 15 Jahre sehe ich nicht, daß man mich überhaupt haben wollte.

Frage: Bei der »Zeit« haben Sie Ihre erste große Kritik eines Lyrikbandes veröffentlicht. Wie kam es dazu?

Reich-Ranicki: Rudolf Walter Leonhard, der damalige Feuilletonchef der »Zeit«, hat bei einem nächtlichen Tele-fongespräch sinngemäß gesagt: »Ach, was sind Sie für ein Kritiker! Romane, das können Sie. Erzählungsbände – fabelhaft. Aber die Lyrik, die deutsche Poesie, die Schwingungen der zarten deutschen Poesie – das ent-zieht sich Ihnen.« Das hat mir arg mißfallen.

Frage: Aber hatte Leonhard damit nicht recht?

Reich-Ranicki: Nein. Ich schätzte schon damals vor allem einen großen deutschen Lyriker: Goethe! Ich habe im-mer die Lyrik von Brecht bewundert. Auch die Strophen von Erich Kästner, keine große Dichtung, aber eine hochbeachtliche Gebrauchslyrik in der Tradition von Morgenstern und Ringelnatz.

Frage: Sie nennen das den eher weltlichen Weg der Lyrik – neben dem angeblich sakralen, den Sie weniger schätzen, von Hölderlin bis Celan. Aber wie ging es nach der Pro-vokation von Leonhard weiter?

Reich-Ranicki: Also, ich habe damals, am Morgen nach dem nächtlichen Telefongespräch, den Literaturredak-teur der »Zeit«, Dieter E. Zimmer, angerufen und gesagt: »Dieter, ich möchte einen Gedichtband rezensieren.«

Frage: Das war ein Band von Günter Grass. Sehr weltlich.

Reich-Ranicki: Ja, ich hab' Grass gerühmt und gelobt. Und gleich hat Erich Fried mich angerufen: Das sei schon Personenkult und gehe ihm zu weit. Später, bei der FAZ, habe ich die »Frankfurter Anthologie« begründet – jede Woche eine Gedichtinterpretation.

Frage: 15 Jahre lang fühlten Sie Vorbehalte der Deutschen gegen Ihre Person – selbst noch bei der liberalen »Zeit«, die Ihre Kritiken druckte. Hatte man Angst vor dem unbeugsamen Unruhestifter oder gab es immer noch antisemitische Vorurteile?

Reich-Ranicki: Diese Beurteilung überlasse ich Ihnen. Tatsache ist: Es ist mir nichts Substantielles angeboten worden. Als ich 1972 den Ehrendoktor der Universität Uppsala bekam, habe ich mir auch gedacht: Eigentlich komisch, die Schweden geben mir einen Ehrendoktor für meine Verdienste um die westdeutsche Literatur, aber in Deutschland kommt keiner auf die Idee. Na gut, muß nicht sein.

Frage: Später erhielten Sie auch zwei deutsche Ehrendoktorate.

Reich-Ranicki: Ja, zwanzig Jahre danach, von Augsburg und Bamberg.

Frage: Bis zu Ihrem Auftritt in der Sendung »Holocaust« Ende der siebziger Jahre war den meisten Ihrer Leser gar nicht geläufig, daß Sie Jude sind.

Reich-Ranicki: Wahrscheinlich. Das weiß ich selber nicht.

Frage: Aber danach ja. Und danach wurden Sie immer erfolgreicher.

Reich-Ranicki: Wahrscheinlich haben Sie recht. Wissen Sie, es ist so: Mal Jude, mal Pole, mal irgendwas.

Frage: Sind Sie mehr ein Kritiker in Deutschland als ein deutscher Kritiker?

Reich-Ranicki: Ich glaube, daß ich in vielem ein typisch deutscher Kritiker bin. Nur: Was ist das? Wer ist das? Ich halte diese Leute, von denen ich soviel gelernt habe – Friedrich Schlegel, Heine, Börne, Fontane, Tucholsky –, für typisch deutsche Kritiker. Das sind doch keine Kritiker aus Neuseeland.

Frage: Jüdische Intellektuelle waren schon im 19. Jahrhundert besonders begabt für die Kritik, weil sie, am Rand der Gesellschaft lebend, deren Schwächen schärfer sahen.

Reich-Ranicki: Jüdische Intellektuelle konnten nicht Professoren oder Staatsanwälte werden, also wurden sie Journalisten oder Rechtsanwälte. Auch daher rührt ihre besondere Fähigkeit zur Kritik.

Frage: Und ihre Einsamkeit?

Reich-Ranicki: Heimito von Doderer hat einmal gesagt, der Kritiker stehe im Mittelpunkt des literarischen Lebens. Er meinte: Der Autor sitzt zu Hause und schreibt Bücher. Wenn die Bücher da sind, ist der Kritiker die zentrale Figur.

Frage: Sie aber haben einmal gesagt, der Kritiker sei ein einsamer Mensch.

Reich-Ranicki: Er steht im Mittelpunkt und ist trotzdem einsam. Einsam deshalb, weil Kritiker in der Regel leidenschaftlich an der Literatur interessiert sind. Das unterscheidet sie von den Dichtern. Die Dichter sind an ihrem Werk interessiert, nicht unbedingt an der Literatur. Sehen Sie: Brecht, ein genialer Dichter, hat nie den »Zauberberg« von Thomas Mann gelesen. Die meisten

Dichter verstehen von Literatur nicht mehr als die Vögel von Ornithologie.

Frage: Wer Literatur wirklich liebt, muß viel lesen – daher die Einsamkeit?

Reich-Ranicki: Ja, ja. Aber die Einsamkeit kommt auch daher: Dem Kritiker gegenüber, wenn er Einfluß hat, ist jeder – ob Autor oder Verleger – etwas befangen. Wenn die Autoren gelobt werden, sagen sie: Man weiß nicht, wie es beim nächsten Buch sein wird. Wenn sie verrissen werden – da haben mir manche Autoren schon schreckliche Briefe geschrieben, auch vulgäre.

Frage: Der Kritiker wird für seine Einsamkeit unter anderem durch große Wirkungen entschädigt. Sie sollen Heinrich Böll 1972 den Literaturnobelpreis verschafft haben – auch aufgrund Ihrer guten Verbindung zu Schweden.

Reich-Ranicki: Ich habe damals von der Akademie in Stockholm eine Anfrage bekommen. Nur: Wir wollen nicht übertreiben. Es haben viele Leute auf dem Erdball solche Anfragen bekommen – in Deutschland nicht viel, in Deutschland außer mir noch zwei. Ich hatte den Verdacht: Wenn die Burschen mich fragen, wollen sie den Preis einem deutschen Autor geben. Die wollen doch von mir nicht einen Autor aus dem nördlichen Kongo hören. Da bin ich in mich gegangen. Das hat lange gedauert, vielleicht drei Minuten, und habe mir gedacht: Heinrich Böll, das ist der Autor, der in diesem Augenblick den Nobelpreis verdient. Hätte ich ihn nicht vorgeschlagen, hätte er ihn wahrscheinlich auch bekommen. Wissen Sie, es ist so: Da hängt ein Apfel am Baum, am Ast, da geht ein Käfer langsam an dem Ast entlang, kommt an die Stelle, wo der Apfel hängt, und wie er hinkommt, fällt der Apfel auf die Erde. Nur: Wenn der Käfer nicht gekommen wäre – der Apfel war schon reif.

Frage: Haben Sie Böll gefördert, um Grass nicht fördern zu müssen? Wie läßt sich erklären, daß Sie Böll stets glimpflicher behandelt haben als Grass, der doch besser schreiben konnte?

Reich-Ranicki: Es war keine unaufrichtige Kritik, als ich über Bölls Erzählung »Die verlore Ehre der Katharina Blum« rühmend geschrieben habe. Ich habe auch sehr seine Satiren geschätzt. Aber ich habe Böll nicht nur aus rein künstlerischen Gründen gefördert, auch aus politischen und moralischen Gründen. Ich habe eine Galionsfigur gesucht. Ich hatte gedacht, Gerd Gaiser darf es nicht werden, und gehofft, das wird Wolfgang Koeppen. Da hab' ich mich geirrt, denn er hat seit etwa zwanzig Jahren nur wenig geschrieben. Grass werfe ich vor, daß er niedriger springt, als er springen kann. Über sein Stück »Die Plebejer proben den Aufstand« habe ich damals geschrieben: Er hat die Latte gerissen, aber sie lag sehr hoch. Wirklich gelungen sind ihm die Bücher »Katz und Maus« und das »Treffen in Telgte«.

Frage: Stimmt es, daß Sie gesagt haben, Grass habe für seinen Gedichtband »Novemberland« den Nobelpreis verdient?

Reich-Ranicki: Großer Blödsinn. Obwohl ich diese Sonette – Gebrauchslyrik – gar nicht so schlecht finde. Nein, ich habe in einer Talkshow generell gesagt, Grass sei schon einer, der plus minus den Nobelpreis verdient hätte. Aber für ganz andere Sachen. Ich möchte ja auch Schlimmeres verhüten. Wenn ich mir überlege, die in Stockholm wollen einem Schriftsteller deutscher Zunge wieder einmal den Nobelpreis geben – es ist ja einfach zu sagen: Gebt Brecht den Nobelpreis! Nein, von den heutigen ...

Frage: Christa Wolf.

Reich-Ranicki: Sie ist schon eine bedeutende Erzählerin. Aber Nobelpreis? Nein!

Frage: Dann lieber Grass.

Reich-Ranicki: Ja, dann sage ich: Grass ist der, der mir doch am nächsten steht.

Frage: Was wäre, wenn demnächst der Niederländer Cees Nooteboom den Nobelpreis erhielte?

Reich-Ranicki: Ich wäre glücklich.

Frage: Sie haben ihn der schwedischen Akademie schon empfohlen?

Reich-Ranicki: Ja, aber ich bin nicht offiziell gefragt worden. Ich habe seinerzeit auch Graham Greene vorgeschlagen, ferner Max Frisch und John Updike – sie haben alle den Nobelpreis nicht bekommen.

Frage: Updike ist ein Meister des erotischen Details. Auch Nabokov, den Sie stets rühmen. Sie interessieren sich auch sonst stark für erotische Motive in der Literatur. Aus Berechnung, weil auch Ihre Texte dann begieriger gelesen werden?

Reich-Ranicki: Wenn Sie das sagen, dann müssen Sie bitte auch hinzufügen, daß die deutsche Literatur von Walther von der Vogelweide, über Goethe und Heine bis zu Sarah Kirsch sich intensiv mit Erotik beschäftigt. Alle sind wir in einem Boot. Liegt es nicht nahe, daß die Dichter alle an der Liebe interessiert waren – und dabei nicht bloß auf das Publikum geschielt haben?

Frage: Ihr Interesse an diesem Thema mutet dennoch etwas seltsam an. Wie kann ein Mann darüber kompetent schreiben, der bekennt, eine Kellnerin, mit der er nicht über Literatur reden könne, interessiere ihn nicht?

Reich-Ranicki: Was ich mit Kellnerinnen erlebt habe oder erleben könnte, möchte ich hier nicht erzählen. Ich habe nur gesagt – Sie haben das verbogen –, wenn ich etwas mit einer Kellnerin hätte, würde sich daraus auf längere Sicht wohl nicht viel oder gar nichts ergeben.

Frage: Weil Sie mit ihr nicht über Literatur . . .

Reich-Ranicki: . . . nein, nein. Weil ich doch immer in den Frauen, an denen ich interessiert war, auch eine intellektuelle Partnerin gesehen habe.

Frage: Dazu gehört bei Ihnen bedingt ein Interesse an Literatur.

Reich-Ranicki: Oder an Musik, eventuell an Politik.

Frage: Also eine philosophisch interessierte Kellnerin . . .

Reich-Ranicki: . . . Goethe hat ja mit einer Kellnerin in Rom gute Erfahrungen gemacht. Das wollen wir nicht vergessen.

Frage: Sind Ihre Kriterien für gute Literatur nicht doch reichlich schlicht? Von einem deutschen Roman verlangen Sie, daß er sich mit der deutschen Wirklichkeit auseinandersetzt. Sie suchen knackige Erotik. Sie wollen auf keinen Fall gelangweilt werden. Alles muß möglichst verständlich sein . . .

Reich-Ranicki: In diesem Stil könne man Goethes Faust

etwa so referieren: Deutscher Intellektueller gibt vor, die Bibel zu übersetzen, schwängert aber statt dessen ein Mädelchen . . .

Frage: Das ist ja nicht falsch.

Reich-Ranicki: Es ist eine ungeheuerliche, eine infame Vereinfachung meiner Bemühungen. Jemand, dem ich durch meine Liebe zu einem bestimmten Schriftsteller auf die Nerven ging, hat einmal gesagt: »Er wird nicht müde, der deutschen Nation den Lübecker Senatorensohn zu empfehlen.« Also: Ich liebe und verehre Thomas Mann und habe dies der Nation schon mehrfach mitgeteilt. Ist das so der simpelste deutsche Schriftsteller? Auseinandersetzung mit der Gegenwart, Liebe, Unterhaltsamkeit? Also bitte!

Frage: Man kann ja den richtigen Autor aus falschen Gründen verehren. Thomas Mann vernachlässigt die Erotik doch nicht.

Reich-Ranicki: Nehmen Sie die Bücher, die ich bewundert habe. Christa Wolfs Roman »Nachdenken über Christa T.« . . .

Frage: . . . deutsches Thema, Liebe . . .

Reich-Ranicki: Wenig Erotik. Kommt Erotik bei Thomas Bernhard vor? So gut wie überhaupt nicht. Und doch habe ich ihn gerühmt.

Frage: Noch so eine schreckliche Vereinfachung: Sie gelten als großer Verreißer, verweisen auch gerne auf Ihre Lobgesänge. Nicht selten, das ist weniger bekannt, verbinden Sie beides. Nach dem Muster: Walser kann eigentlich keine Romane schreiben, aber was sind wir glücklich, daß wir ihn haben. So etwas schrieben Sie 1960 auch über die »Blechtrommel« von Grass: Kein guter

Roman, aber der Mann ist ein großes Talent. Dahinter verbirgt sich eine List: Sollte sich Ihr negatives Urteil später als falsch erweisen, können Sie immer noch sagen: Was wollt Ihr denn, ich hab doch das Talent erkannt ... Sind Sie ein Kritiker-Wolf im Schafspelz?

Reich-Ranicki: Alles Schwachsinn! Im Leben ist manches weiß und manches schwarz, aber vieles ist weder weiß noch schwarz, sondern grau. Und das darf man auch als Kritiker nicht unterschlagen. Es gibt manchmal Bücher, zu denen man nicht ja oder nein, sondern jein sagen muß.

Frage: Dennoch bitten wir jetzt um ein klares Votum: Welche drei lebenden deutschen Autoren mögen Sie am meisten?

Reich-Ranicki: Das weiß man doch, welche drei Autoren ich ...

Frage: Koeppen. Und?

Reich-Ranicki: Der ist vorbei. Aber ihn so zu behandeln, als sei er tot, das möchte ich auch nicht. Weglassen kann ich ihn nicht.

Frage: Noch zwei andere.

Reich-Ranicki: Autoren, die ich ganz besonders schätze in deutscher Sprache?

Frage: Ja. Oder die Sie einfach mögen.

Reich-Ranicki: Nach dem Tod von Frisch, Dürrenmatt und Thomas Bernhard ist ja so wenig da. Sarah Kirsch, die Lyrikerin, möchte ich zuerst nennen. Hermann Burger – ist ja wieder auch tot. Sehr schwer. Sie sehen, ich habe Schwierigkeiten. In der Lyrik? Niemand mehr. Im Drama – Botho Strauß hat mich nie sonderlich beeindruckt, bestimmt nicht Peter Handke. Schade, daß Kroetz schweigt. In der Epik? Lauter beachtliches Mittelmaß.

Frage: Vielleicht ist es leichter, die besten literarischen Verlage zu nennen.

Reich-Ranicki: Wir werden uns mit solchen Dummheiten nicht beschäftigen.

Frage: Ihr Nachfolger bei der FAZ, Frank Schirrmacher, hat die Frage nach dem wichtigsten deutschen Gegenwartsautor kürzlich beantwortet. Er hat in einer Laudatio gesagt: Das »Herz« der deutschen Gegenwartsliteratur sei Marcel Reich-Ranicki. Bekamen Sie Herzweh, als Sie das hörten?

Reich-Ranicki: Nein.

Frage: War es Ihnen peinlich?

Reich-Ranicki: Ja, ja, etwas peinlich.

Frage: Und was halten Sie sonst von der These?

Reich-Ranicki: Ach, nehmen Sie das nicht so ernst. Die Literaturkritik ist eine Hilfsdisziplin. Kein Herz-Rang. Alfred Kerr hat gesagt: Bis heute Epik, Dramatik, Lyrik; ab heute Epik, Dramatik, Lyrik und Kritik. Ich aber will nie die Kritik als gleichberechtigte Gattung. Wenn die Kritik der Literatur dient – das genügt.

Frage: Wenn Sie auf Ihre erfolgreichsten Jahre, die bei der »Frankfurter Allgemeinen«, zurückschauen – was fällt Ihnen dann, in aller Kürze, als Bilanz Ihrer Arbeit dort ein?

Reich-Ranicki: In der FAZ habe ich, glaube ich, unter anderem eine Sache gemacht, mit der ich ganz zufrieden bin: Der Not gehorchend, habe ich geholfen, daß aus rund 15 deutschen Germanisten Kritiker geworden sind.

Und ich habe so zur Überbrückung der Kluft zwischen deutscher Universitätsgermanistik und journalistischer Literaturkritik beigetragen – einer Kluft, die es zum Beispiel in England nicht gibt.

Frage: Haben Sie damit auch ein bißchen kompensiert, daß Ihnen der akademische Weg versperrt war?

Reich-Ranicki: Selbstverständlich.

Frage: Herr Reich-Ranicki, wir danken Ihnen für dieses Gespräch.

II. »Es waren harmlose Berichte«

Frage: Herr Reich-Ranicki, waren Sie Ende der vierziger Jahre hauptamtlicher Mitarbeiter des polnischen Geheimdienstes?

Reich-Ranicki: Jawohl, ich war in den Jahren 1948/49 Konsul der Republik Polen in London und gleichzeitig ständiger Mitarbeiter des polnischen Geheimdienstes.

Frage: Was heißt »Mitarbeiter« – Sie waren doch, laut Akte, »Hauptmann«, polnisch »Kapitan«.

Reich-Ranicki: Das mit dem Hauptmann hatte einen eher humoristischen Anstrich. Es war nur ein Aktenvermerk. Denn eine Uniform trug ich natürlich nicht.

Frage: Haben Sie dem »Spiegel« die Unwahrheit gesagt, als Sie vor zwei Wochen behaupteten, es sei »kompletter Quatsch«, daß Sie Chefagent in London waren?

Reich-Ranicki: Ich fürchte, Sie wissen nicht, was das Wort Agent bedeutet. Ein Agent wäre ich vielleicht, wenn ich als polnischer Konsul in London für den Geheimdienst von Paraguay oder Albanien gearbeitet hätte.

Frage: Sie haben also mehr als nur Kontakte mit dem Geheimdienst gepflegt. Warum haben Sie das bisher verschwiegen?

Reich-Ranicki: Ich hatte gute Gründe. Im Herbst 1949 wurde ich auf eigenen Wunsch von den Posten in London abberufen und dann sowohl aus dem Auswärtigen Amt als auch aus dem Geheimdienst entlassen. Im Januar 1950 mußte ich eine Erklärung unterzeichnen – das war so üblich –, derzufolge ich mich verpflichtete, niemals ein Wort über Dinge zu sagen, die mit dem Geheimdienst zusammenhängen. Ich habe diese Erklärung sehr ernst genommen, was ich nicht bedauere: Ich hielt es für ein Gebot der Loyalität, für eine Anstandspflicht, nichts über diese Angelegenheit zu sagen. Vergessen Sie nicht: Wir, meine Frau und ich, haben im Unterschied zu allen unseren Angehörigen den Holocaust in Polen überlebt – gerettet wurden wir von Polen, die ihr Leben riskierten, befreit von der Roten Armee.

Frage: Hatten Sie Angst vor eventuellen Sanktionen, wollten Sie sich mit Ihrem Schweigen schützen?

Reich-Ranicki: Nein, das war nicht das Entscheidende. Was ich über den polnischen Geheimdienst nach meiner Rückkehr nach Deutschland 1958 hätte erzählen können, war belanglos und wahrscheinlich schon vollkommen überholt, da ich mit diesem Dienst nur bis Januar 1950 zu tun hatte.

Frage: Wenn es so belanglos war, warum haben Sie es dann nicht erzählt?

Reich-Ranicki: Ich wollte auf keinen Fall in einen Konflikt mit dem polnischen Staat geraten, ich wollte loyal sein. Daher habe ich, in Frankfurt angelangt, zwar sofort zu publizieren begonnen – denn ich mußte Geld verdienen, ich besaß alles in allem fünf Dollar –, doch war ich nicht bereit zu liefern, was die Redakteure von mir wollten: Man hoffte, daß ich »auspacken«, daß ich also Enthüllungsstorys über das kommunistische Polen schreiben werde. Ich aber habe nichts anderes geschrieben als Literaturkritik. Und bis heute gibt es nichts von mir gegen Polen – keinen Artikel, geschweige denn ein Buch.

Frage: Hatten Sie für Ihr Schweigen noch andere Motive?

Reich-Ranicki: Ja. Ich dachte mir nämlich: Bin ich als Jude, der ich 1938 von Deutschen nach Polen deportiert wurde und jahrelang im Warschauer Ghetto und später außerhalb des Ghettos unter deutscher Bestialität gelitten habe, bin ich denn ausgerechnet der deutschen Öffentlichkeit Auskunft und Rechenschaft schuldig darüber, was ich noch während des Krieges und in den ersten Nachkriegsjahren als polnischer Staatsbürger in der polnischen Armee und in den polnischen Behörden getan habe?

Frage: Warum fühlen Sie sich jetzt an Ihre Unterschrift nicht mehr gebunden?

Reich-Ranicki: Eine polnische Instanz hat vor einigen Tagen angeblich unzugängliche, »entliehene« Materialien über den polnischen Geheimdienst veröffentlicht, unter anderem meinen »Dienstverlauf«. Nachdem die polnischen Behörden das zugelassen oder ermöglicht haben, ist meine Verpflichtungserklärung von Januar 1950 null und nichtig.

Frage: Wie fing alles an?

Reich-Ranicki: Nach unserer Flucht aus dem Warschauer Ghetto. Im September 1944 befand sich das Haus, in dem meine Frau und ich verborgen waren, eines Vormittags zwischen den beiden Frontlinien: Von der einen Seite des Hauses sah man noch die deutschen Soldaten, von der anderen schon die Rotarmisten. Das dauerte nur ganz kurz, höchstens eine halbe Stunde. Dann pochte jemand kräftig an die Haustür. Es war ein ziemlich elender russischer Soldat. Er rief: »Nemzow njet?« Also:

»Keine Deutschen hier?« Dies dort, wo wir 15 Monate lang die Frage »Keine Juden hier?« befürchteten.

Frage: Was geschah dann?

Reich-Ranicki: Wir waren frei, aber hilflos und in größter Not. Wir hatten buchstäblich nichts: weder Kleidung noch Schuhe und natürlich keinen Pfennig. Wir waren in dreckige Lumpen gehüllt. Und daß wir schauderhaft abgemagert waren und in furchtbarem gesundheitlichen Zustand, versteht sich von selbst. Das polnische Ehepaar, das uns gerettet hatte, sagte sehr zu Recht, daß sie uns jetzt nicht mehr helfen können und brauchen, jetzt könnten wir uns doch selbst durchschlagen. Wir gingen in Richtung Lublin, der vorläufigen Hauptstadt des befreiten Teils des Landes.

Frage: Was taten die Befreier – die sowjetischen Soldaten?

Reich-Ranicki: Polen war vollkommen verwüstet. Die siegreiche Rote Armee befand sich in einem beklagenswerten Zustand. Die Soldaten waren übermüdet und ungenügend versorgt, sie hatten nicht einmal Zigaretten, die reichten bloß für die Offiziere. Sie waren schon zufrieden, wenn sie Fleischkonserven erhielten, die aus Kanada gekommen waren. Auf den Dosen war in englischer Sprache zu lesen, daß es Nahrung ausschließlich für Tiere sei. Niemand konnte oder wollte sich um die wenigen überlebenden Juden kümmern. Vergessen Sie nicht: Noch wurde an allen Fronten gekämpft, die deutsche Armee war noch sehr stark, Auschwitz war noch nicht befreit. So schwach wir auch waren, wir wollten uns doch irgendwie am Krieg gegen Deutschland beteiligen. Wir waren noch sehr jung, 24 Jahre alt, und taten etwas, was von heute her geradezu naiv scheint: Wir meldeten uns freiwillig zur polnischen Armee.

Frage: Zum Militär?

Reich-Ranicki: Das war kein Heldentum, vielmehr das Bedürfnis, zum Sieg beizutragen. Und daß man in der Armee zu essen bekam und eine Uniform – das hat auch eine Rolle gespielt.

Frage: Welche Aufgabe haben Sie in der Armee übernommen?

Reich-Ranicki: Ich erkundigte mich, ob es eine Einheit gäbe, die deutsche Soldaten mit Mitteln der Propaganda, also beispielsweise mit Flugblättern in deutscher Sprache, zur Kapitulation aufrief. Da wollte ich tätig sein. Das leuchtete ein, nur war eine solche Einheit noch gar nicht vorhanden: Sie sei erst im Aufbau. Alles war erst im Aufbau, überall wurde improvisiert. Wir wurden in ein kleines, elendes Dorf in Ostpolen geschickt. Die Primitivität dort war erschreckend, ich hatte nicht gewußt, daß es knapp 200 Kilometer östlich von Warschau solche Zustände noch gab. Die meisten Bauern hatten weder Schränke noch Betten, sie schliefen auf Bänken oder auf dem Fußboden. Dort meldete ich mich bei dem Ortskommandanten, der mich zu einem Oberleutnant Lec schickte.

Frage: Dem bekannten Satiriker Stanislaw Jerzy Lec?

Reich-Ranicki: So ist es. Sein Name war mir noch aus der Vorkriegszeit bekannt. Er wollte nur wissen, ob ich Deutsch könne. Als ich bestätigte, stellte er mir sofort und ohne Übergang eine Frage, die mich noch heute verblüfft: »Kennen Sie Brecht?« Und da er mir noch nicht traute, mußte ich einige Titel von Brecht nennen, was mir nicht schwerfiel. Ich sollte mich setzen – nur war in der Hütte keine Sitzgelegenheit –, er gab mir den deutschen Text eines Brecht-Gedichts und las mir seine polnische Übersetzung vor. Ich sollte kontrollieren, ob er alles richtig übersetzt habe. So fing mein Dienst in der polnischen Armee an, Anfang Oktober 1944. Die deutsche Literatur – das war der rote Faden in meinem Leben.

Frage: Und sonst haben Sie nichts gemacht?

Reich-Ranicki: Nein, denn nach wenigen Tagen kam ein Befehl, daß die polnische Armee auf diese Einheit doch verzichten werde – was ich sehr bedauerte. Man schickte meine Frau und mich, da wir Fremdsprachen konnten, in ein benachbartes Dorf, wo die militärische Postzensur organisiert wurde. Dort war ich Zensor und wurde rasch zum Oberzensor befördert ...

Frage: ... eine Blitzkarriere ...

Reich-Ranicki: ... was nun kein Wunder war, denn die anderen Zensoren, meist junge Bauernsöhne, waren von so schlichter Geistesart, daß wir sie zunächst für Wachposten hielten. Sie dürfen nicht vergessen, daß die deutschen Behörden in Polen alle Schulen verboten hatten. Während der fünf Jahre Besatzungszeit wuchs eine Generation polnischer Analphabeten auf – genau das war von den Deutschen beabsichtigt.

Frage: Worin bestand die Arbeit der Zensur?

Reich-Ranicki: Es wurde geprüft, ob in den Briefen irgendwelche Militärgeheimnisse bewußt oder unbewußt verraten wurden. Die meisten Briefe stammten von Soldaten, die nach Hause schrieben, aber in der Regel nur dürftig schreiben konnten. Natürlich gab es genaue Vorschriften, was aus den Briefen ausgemerzt werden mußte – beispielsweise alle antideutschen Äußerungen. Denn es galt Stalins Losung, daß die Hitlers kommen und gehen, das deutsche Volk aber bleiben werde.

Frage: Was steckte dahinter?

Reich-Ranicki: Schon damals plante man in Moskau eine deutsche kommunistische Regierung. Ulbricht und seine Leute waren noch dort, aber schon in den Startlöchern. Die Konsequenzen für die polnische Kriegszensur waren eher komisch. Es durfte in den Briefen nicht heißen: »Wir jagen die deutschen Banditen«, sondern: »Wir jagen die nazistischen Banditen« (im Polnischen ist ähnlich wie im Russischen ein anderes Adjektiv üblich: »die hitlerschen . . .«). Alles in allem war die Arbeit in der Militärzensur stumpfsinnig und für mich doch von großer Bedeutung, denn damals wurde die Weiche für meinen Berufsweg in den nächsten Jahren gestellt.

Frage: Haben Sie damit schon für den Geheimdienst gearbeitet?

Reich-Ranicki: Nein. Die Militärzensur, die die Post kontrollierte, war natürlich eine Einheit der polnischen Armee, doch unterstand sie der Aufsicht des Ministeriums für Öffentliche Sicherheit, was ich damals noch nicht wußte. Als ich es erfuhr, machte es auf mich überhaupt keinen Eindruck.

Frage: Haben Sie sich schriftlich zur Mitarbeit beim Geheimdienst verpflichtet?

Reich-Ranicki: Die Geheimhaltungsverpflichtung, die man mir irgendwann vorlegte, habe ich ohne zu zögern unterschrieben. Natürlich wollte ich von dieser langweiligen Arbeit und diesem elenden Dorf wegkommen. Im Januar 1945 wurde ich endlich in das Hauptamt für Kriegszensur in Lublin versetzt. Später wurde ich dann in der Zentrale der Postzensur beschäftigt, nun nicht mehr in Lublin, sondern in Warschau. Genauer: Ich hatte einen leitenden Posten in der Postzensur – es war ja immer noch Krieg! – für die Stadt Warschau.

Frage: Was hieß das genau: Zensur?

Reich-Ranicki: Es ging hier immer bloß um die Post, nicht etwa um die Zensur von Zeitungen oder Büchern. Übrigens: Wir hatten damals in Warschau keine Wohnung. Wir, meine Frau und ich, übernachteten auf einem Feldbett, das für die Nacht in meinem Bürozimmer aufgestellt wurde.

Frage: Wie lange waren Sie Zensor?

Reich-Ranicki: Im Herbst 1945 bot sich eine Chance, die mich geradezu elektrisierte – ich konnte nach Berlin versetzt werden. Ich hatte die Möglichkeit, die Stadt wiederzusehen, in der ich aufgewachsen war und von der ich geprägt wurde. Ich konnte in Berlin wieder ins Theater gehen, in die Oper. Hätte man mir damals Paris, Rom, New York oder eben Berlin zur Wahl gestellt, ich hätte mich, kein Zweifel, sofort für Berlin entschieden.

Um Berlin wiederzusehen, hätte ich einen Pakt auch mit dem Teufel geschlossen. Aber statt des Teufels nahte mir abermals der polnische Geheimdienst, der meine Hilfe in Berlin brauchte. Ich hatte nicht die geringsten Bedenken. Im Gegenteil: Das machte mich neugierig, ich fand die Sache interessant – und war ziemlich sicher, daß es sich vor allem um Nazis handeln werde. Zunächst sollte ich mich in Berlin umsehen, und dann würde ich Weisungen erhalten. Ich sah mich gründlich um: im Theater, in der Oper, im Konzertsaal, wo die Berliner Philharmoniker unter Celibidache spielten. Das Kulturleben war faszinierend. Denn die vier Besatzungsmächte wetteiferten miteinander und boten das Beste an, was sie im Bereich der Kultur zu bieten hatten.

Frage: Haben Sie in Berlin Aufträge für den Geheimdienst erledigt?

Reich-Ranicki: Nichts, buchstäblich nichts. Die Weisungen, die ich erhalten sollte, kamen nie, was mich keineswegs betrübte. Warum das so war, weiß ich nicht. Vielleicht haben die Russen verhindert, daß die Polen irgendwelche Informationen in Berlin sammelten. Jedenfalls wurde ich im April 1946 wieder nach Warschau kommandiert. Inzwischen war ich Mitglied der Partei geworden, die sich nun für meine weitere Verwendung interessierte.

Man sah meine Zukunft im Auswärtigen Dienst. Ich wollte nach London, unter anderem deshalb, weil dort meine Schwester lebte, die kurz vor Ausbruch des Krieges nach England emigrieren konnte und als einzige Person aus meiner Familie überlebt hatte – meine Eltern und mein Bruder wurden ermordet. Offen gesagt: Ich war glücklich, daß ich in London würde leben können.

Frage: Mußten Sie vorher eine Geheimdienst-Schulung absolvieren?

Reich-Ranicki: Ja, ich wurde entsprechend vorbereitet – im Sicherheitsministerium auf den Geheimdienst, im Auswärtigen Amt auf den Konsulardienst. Das sollte etwa ein Jahr dauern. Im Sicherheitsministerium . . .

Frage: . . . der polnische Schriftsteller Andrzej Szczypiorski sagt, das sei schon damals »eine kriminelle Organisation« gewesen . . .

Reich-Ranicki: Diese Bezeichnung trifft alles in allem zu. Ob auch die Arbeit des Departements, das sich mit dem Ausland beschäftigte, kriminell war, kann ich nicht beurteilen. Ich weiß aber bestimmt, daß in England in der Zeit, in der ich dort war, vom Geheimdienst des Sicherheitsministeriums nichts getan wurde, das sich dem Kriminellen auch nur nähern würde. Also in diesem Ministerium machte man mich zum Sektionsleiter, zum stellvertretenden Abteilungsleiter; im Außenministerium, wo ich vor allem in den letzten Monaten vor der Abreise nach London tätig war, zum Ministerialrat oder so ähnlich.

Frage: Sie kamen im Februar 1948 nach London und waren dort als Vizekonsul und später als Konsul tätig und zugleich als Hauptmann des Geheimdienstes. Von wem wurden Sie bezahlt?

Reich-Ranicki: Das ist eine sonderbare Frage. Natürlich vom polnischen Staat, und zwar vom Auswärtigen Amt.

Frage: Und nicht vom Sicherheitsministerium?

Reich-Ranicki: Sie glauben wohl, ich hätte zwei Gehälter bekommen? Nein, so gut war es leider nicht.

Frage: Alle festen Geheimdienstmitarbeiter hatten Decknamen Sie nicht?

Reich-Ranicki: Wo denken Sie hin? Ein erst im Entstehen begriffener Geheimdienst liebt natürlich das konspirative Spiel mit den Decknamen. Ich hatte mehrere in zwei Gruppen: Adam, Albert und Albin sowie Lessing, Büchner und Heine. Und Fontane.

Frage: Was waren Sie nun primär – Konsul oder Geheimdienstmann?

Reich-Ranicki: Der überwiegende Teil meiner Tätigkeit in London war Konsularbeit – etwa 80 bis 90 Prozent. Übrigens: keine sehr spannende Arbeit.

Frage: Wie sah sie aus?

Reich-Ranicki: Wie die eines jeden Konsuls.

Frage: Sie haben Berichte über das Außenministerium geschrieben. In diesem Amt in Warschau hat man rund 80 Seiten gefunden.

Reich-Ranicki: Nur 80 Seiten? Solche periodischen Berichte gehören zu den ganz normalen Pflichten eines Konsuls.

Frage: Sind Sie in London dem polnischen Doppelagenten Krzysztof Starzynski begegnet, der heute in Neuseeland lebt?

Reich-Ranicki: Ich erinnere mich dunkel an ihn. Daß er aber ein Doppelagent war, das habe ich erst jetzt in einer polnischen Zeitung gelesen.

Frage: Die wichtigste Aufgabe des Konsulats, sagen er und andere Zeugen, sei das Ausspionieren und notfalls das Kompromittieren polnischer Emigranten gewesen. Sie sollen der »Top-Agent« des politischen Geheimdienstes in London und der Boß von rund 50 polnischen Agenten gewesen sein.

Reich-Ranicki: Die wichtigste Aufgabe des Konsulats war die normale Konsulararbeit. Von den rund 40 Angestellten des Konsulats waren höchstens 4 für den Geheimdienst tätig. Die 50 polnischen Agenten sind ein Produkt der Phantasie. Wie viele Leute dem Militärattaché Informationen lieferten, weiß ich allerdings nicht. Ich bekam Informationsmaterial von höchstens 10 oder 12 Leuten. Sie informierten über die politischen Strömungen innerhalb der polnischen Emigration in England.

Frage: Auch über »gefährliche« Personen?

Reich-Ranicki: Über politisch interessante Personen. Übrigens stammte das meiste aus der polnischen Exilpresse. Ich selber habe solche Informationen nie gesammelt, meine Aufgabe bestand darin, die erhaltenen Berichte zu begutachten und nach Warschau weiterzuleiten. Und was den »Top-Agenten« betrifft – der Mann schmeichelt mir. Ich hatte nie Talent für diesen Geheimdienst, da war ich nun doch zu sehr an der Literatur und dem Theater interessiert. Das hatte man auch in der Warschauer Zentrale gemerkt – und auch deshalb hat man sich von mir schon Anfang 1950 ein für allemal getrennt.

Frage: Hatten Sie Kontakte mit der polnischen Exilregierung?

Reich-Ranicki: Nicht die geringsten. Ich kannte keinen einzigen Exilpolitiker. An Kontakten mit Politikern war ich nie in meinem Leben sonderlich interessiert.

Frage: Aber als Konsul gehörte es doch zu Ihren Aufgaben, Exilpolen zu beobachten.

Reich-Ranicki: Schon wahr, aber wir hatten niemanden in der Exilregierung, nicht einmal eine Sekretärin oder einen Portier. Dem mögen Sie entnehmen, was für ein doller Geheimdienstmann ich war. Übrigens hatte ich nie den Auftrag erhalten, dort Kontakte zu suchen.

Frage: Das betrifft die Exilregierung. Aber was war mit den übrigen Exilpolen? Gab es da Kontakte?

Reich-Ranicki: So gut wie überhaupt nicht. Die wollten mit uns, den Repräsentanten des kommunistischen Regimes, auch gar nichts zu tun haben. Ich hatte in London mehr Kontakte zu Engländern und Deutschen als zu Exilpolen.

Frage: In die Zeit Ihres Konsulats fiel die Rückkehr des polnischen Generals Stanislaw Tatar von England nach Warschau. Ex-Agenten behaupten, Ihre Aufgabe sei es gewesen, »die Tatar-Mission abzuschließen«. Tatar wurde im November 1949 in Polen verhaftet.

Reich-Ranicki: Ich habe nichts mit der Rückkehr irgendwelcher Offiziere oder Generäle zu tun gehabt.

Frage: Es gibt auch einen Satz in den 80 Seiten, der zeigt, daß Sie von den Rückführaktionen wußten, die unter anderem polnische Exiloffiziere betrafen.

Reich-Ranicki: Ich weiß nicht, welchen Satz sie meinen. Nur: Die Berichte des Konsulats für das Auswärtige Amt wurden nicht von mir geschrieben, sondern von den einzelnen Abteilungsleitern. Von mir wurden sie bloß unterschrieben.

Frage: Dem »Spiegel« haben Sie noch vor zwei Wochen gesagt, von Rückführungen »nie etwas gehört« zu haben.

Reich-Ranicki: Nach wie vor kenne ich keinen einzigen Fall, daß jemand zur Rückkehr nach Polen überredet und dann den Russen ausgeliefert wurde. Ob der Militärattaché sich mit derartigem beschäftigt hat, weiß ich nicht.

Frage: Wann genau fanden die Rückführaktionen statt?

Reich-Ranicki: Vielleicht würden Sie endlich aufhören, mich mit Rückführaktionen zu langweilen, von denen ich nichts weiß. Wahrscheinlich haben sie kurz nach dem Krieg stattgefunden, also 1946 oder eventuell 1947.

Frage: Sie haben doch gewiß auch als Geheimdienstler Post nach Warschau verschickt. Was stand denn da drin?

Reich-Ranicki: Glauben Sie wirklich, daß ich eine solche Frage nach beinahe einem halben Jahrhundert beantworten kann? Ich kann nur sagen: Es waren harmlose Berichte. An einen erinnere ich mich genau: In London dirigierte 1948 Furtwängler die Berliner Philharmoniker. Es gab die Neunte, aber auch Protesterklärungen und Demonstrationen gegen ihn, weil er für einen Nazi gehalten wurde. Darüber habe ich geschrieben, weil das ein für mich wirklich interessantes Thema war.

Frage: Der Warschauer Historiker Andrzej Paczkowski vermutet, Sie könnten mit dem sowjetischen Geheimdienst kooperiert haben.

Reich-Ranicki: Der Herr überschätzt mich maßlos. Die Russen haben sich niemals für mich interessiert.

Frage: Nach Ihrer Rückkehr nach Polen im Herbst 1949 waren Sie inhaftiert – wie lange und warum?

Reich-Ranicki: Zwei Wochen. Die wahren Gründe kenne ich bis heute nicht. Möglicherweise wollte man einen Schauprozeß machen, hat aber den Plan dann fallengelassen.

Frage: Galt die Verhaftung auch dem Geheimdienstler?

Reich-Ranicki: Vielleicht. Ich weiß es nicht.

Frage: Hatten Sie nach Auflösung Ihres Dienstverhältnisses im Januar 1950 noch irgendwelche Kontakte mit dem Geheimdienst?

Reich-Ranicki: Nein, niemals. Es gab auch keinerlei Versuche seitens des Geheimdienstes.

Frage: In den Jahren 1953/1954 hat die Partei weitere Veröffentlichungen von Ihnen untersagt. Es wird aber jetzt behauptet, Sie hätten in dieser Zeit doch einige Artikel und eine kleine Broschüre »Fortschrittliche deutsche Literatur in den Tagen nazistischer Finsternis« publiziert.

Reich-Ranicki: Das Publikationsverbot wurde im März 1953 verhängt und im Oktober 1954 wieder aufgehoben. So konnten tatsächlich einige Artikel erscheinen – in den ersten Wochen des Jahres 1953 und in den letzten Wochen 1954. Die erwähnte Broschüre durfte lange Zeit nicht veröffentlicht werden und konnte erst nach vielfachen Bemühungen des Verlages erscheinen, aber ohne meinen Namen. Auf dem Umschlag und auf der Titelseite finden sich statt des Namens des Autors lediglich die Initialen »M. R.«.

Frage: In der vergangenen Woche behauptete der Schriftsteller Szczypiorski in der Zeitung »Die Woche«, Sie hätten Polen 1956 verlassen und seien damals nach England gegangen. Er fragt: »Wußten die Briten etwa nicht, wen sie da aufnehmen?« Und: »Wer damals Asylrecht in England erhalten wollte, mußte sich zuvor peinlich genaue Ermittlungen gefallen lassen. Das Aufenthaltsrecht erhielt nur einer, über den die Engländer alles oder doch sehr viel wußten.«

Reich-Ranicki: Szczypiorski ist ein Romancier mit Phantasie – und wieder einmal ist mit ihm die Phantasie durchgegangen. Ich habe Polen nicht 1956 verlassen, sondern am 20. Juli 1958. Ich bin nicht nach England gegangen, sondern mit dem Zug von Warschau nach Frankfurt am Main gefahren. Ich habe nie in meinem Leben in England – oder sonstwo – Asylrecht beantragt oder erhalten. Ich bin niemals von Engländern verhört oder vernommen worden.

Frage: Als Sie dann in der Bundesrepublik waren – meldete sich da irgendein Nachrichtendienst bei Ihnen?

Reich-Ranicki: Im Herbst 1960, als ich schon in Hamburg lebte, kamen zu mir zwei Herren vom Verfassungsschutz – einer aus Bonn und einer aus Hamburg. Sie wollten meine Identität überprüfen und stellten mir einige harmlose Fragen. Aber von irgendwelchen Geheimnissen wollten sie zu meiner Zufriedenheit nichts wissen. Sie nahmen den polnischen Geheimdienst in den ersten Nachkriegsjahren überhaupt nicht ernst, es sei alles – gaben sie zu verstehen – eher läppisch und lächerlich. Dann hat sich niemand mehr gemeldet.

Frage: Im Artikel von Szczypiorski heißt es noch, Sie hätten sicher viel gesündigt.

Reich-Ranicki: Das ist doch, mit Verlaub, etwas unverschämt. Ebenso könnte ich sagen, Szczypiorski habe viel gesündigt, vielleicht noch mehr als ich. Nein, ich bedauere nicht, was ich getan habe. Meine ganze Tätigkeit hat niemandem geschadet, wahrscheinlich aber auch niemandem genutzt. Ich habe in der Zeit bis 1950 so und nicht anders gehandelt, weil ich damals an den Kommunismus geglaubt habe.

Frage: Wäre es nicht an der Zeit, einzuräumen, was oft behauptet worden ist: daß die Wut Ihrer Attacken gegen einige ehemalige DDR-Schriftsteller zum Teil stellvertretend für die eigene verschwiegene Vergangenheit war?

Reich-Ranicki: Der Vorwurf geht von einer falschen Voraussetzung aus. Ich habe, wenn es nur möglich war, DDR-Autoren gelobt und gerühmt, unterstützt und gefördert – sogar Hermann Kant habe ich für seinen Roman »Der Aufenthalt« nachdrücklich gelobt.

Frage: Es bleibt der Eindruck, daß Sie erst dann etwas einräumen, wenn es bekannt geworden ist. Haben wir noch andere Enthüllungen zu erwarten?

Reich-Ranicki: Das müssen Sie jene fragen, die manisch Material gegen mich suchen und zu diesem Zweck sogar um die Erde fliegen.

Dritter Teil

Marcel Reich-Ranicki:
Eine sehr sentimentale Geschichte

Vor dem Deutschen Theater in der Schumannstraße hält ein großer Wagen mit einem ausländischen Nummernschild. Der Chauffeur springt eilfertig heraus und öffnet die Tür. Dem Wagen entsteigt ein etwa fünfundzwanzig Jahre alter Offizier.

»Wann darf ich Herrn Oberleutnant abholen?«

»Danke, nicht nötig. Ich komme schon mit der S-Bahn nach Hause. Machen Sie's gut. Bis morgen« – und er drückt dem verwunderten Fahrer die Hand.

Der Chauffeur hat die Frage schüchtern und untertänigst gestellt, denn er ist ein Deutscher. Der junge Offizier hingegen trägt die Uniform zwar nicht einer Besatzungsarmee, aber immerhin der Armee einer der zahlreichen Siegermächte. Und es sind seit dem Tage, an dem ein russischer Soldat die rote Fahne auf dem Reichtagsgebäude gehißt hat, erst wenige Monate vergangen.

Als man dem jungen Mann vor einigen Wochen in Warschau gesagt hat, er solle nach Berlin fahren, war er sehr zufrieden. Zwar kennt er weder Paris noch Rom, weder Lissabon noch Rio de Janeiro, Städte also, die gewiß schöner sind als Berlin, doch interessiert ihn jetzt kein anderer Ort auf dieser Erde mehr als eben dieser. Denn in Berlin hat er seine Jugend verbracht.

Er hat den Krieg zufällig überlebt – als einziger seiner Familie. Dies hat er vor allem einem Warschauer Setzer zu verdanken, der – kaum hatten sie sich 1943 kennengelernt – kurzerhand erklärte: »Hitler, Europas mächtigster Mann, hat diesen Menschen zum Tode verurteilt und ich, ein kleiner Buchsetzer aus Warschau, beschließe, daß dieser Mensch leben soll. Wir werden sehen, wer den Zweikampf gewinnen wird.« – Tatsächlich war der junge Mann mit dreieinhalb Millionen anderer Einwohner Polens zum Tode verurteilt worden, und tatsächlich hatte der Setzer den Zweikampf gewonnen.

Es hatte geregnet und war recht dunkel, als der Offizier unlängst mit einem Auto nach Berlin gekommen war. Seine drei Kollegen stellten fest, die Stadt sei nur wenig zerstört – und sie bedauerten es. Den jungen Mann überraschte ihre Ansicht nicht, denn sie kamen ja alle aus Warschau, wo ein heil gebliebenes Haus genauso selten war wie in einer Wüste eine Oase. Auch wunderte ihn ihr Bedauern nicht, denn er wußte, daß sie alle in den letzten Jahren Furchtbares erlitten hatten. Doch etwas versetzte ihn in Erstaunen: daß er ihr Bedauern nicht teilen konnte. Aber er vermied es, sich zu ihren bitteren Bemerkungen zu äußern – sie hätten ihn bestenfalls für einen romantischen Schwärmer gehalten, und vielleicht hatte er wirklich gewisse Neigungen dazu.

Am nächsten Tag stellte er sich seinem neuen Chef vor, einem vornehmen Herrn aus Posen, der, wie sich bald erwies, dem Einkauf alter Kunstwerke mehr Zeit als seinem Dienst widmete, was ihm unser Mann durchaus nicht verübelte. Der Herr teilte ihm mit, er habe nun drei Tage frei, um sich einrichten zu können. Hierzu genügten ihm zwar drei Stunden, doch war er trotz aller Schwärmerei nicht so leichtsinnig, den Chef von der Schnelligkeit, mit der er

210

sich in einem möblierten Zimmer am Olivaer Platz etabliert hatte, etwa in Kenntnis zu setzen. Drei freie Tage waren ihm mehr als willkommen.

Die Kollegen waren über den Ankömmling ein wenig verwundert und das mit Recht. Sie fragten, wieviel Speck er mitgebracht habe. Er hatte keinen. Sie sagten ihm, man könne hier billig einen Wagen erstehen. Er wollte keinen haben. Sie machten ihn wohlmeinend darauf aufmerksam, daß es in der Lietzenburger Straße eine elegante Wohnung gäbe, in der man in Gesellschaft hübscher Damen gut essen und trinken könne. Nach dem Essen würden Filme vorgeführt, in denen man die Damen, mit denen man am Tisch sitze, nackt bewundern und sich davon überzeugen könne, daß sie eine gewisse Tätigkeit vollendet ausübten. Wer nachher persönlich die Künste der Damen erproben möchte, brauche mit keinerlei Schwierigkeiten zu rechnen. Und dies alles sei nicht sonderlich kostspielig.

Der junge Mann dankte für die freundlichen Hinweise, aber im Augenblick hatte er für diese Damen kein Interesse. Er sagte, er müsse zunächst in Berlin alte Freunde aufsuchen. Er hatte gelogen, denn in dieser Stadt hatte er überhaupt keine Freunde mehr. Die drei freien Tage wollte er zu einem anderen Zwecke nutzen, doch sagte er es nicht seinen Kollegen, denn er schämte sich ein wenig seiner Absicht. Er wollte nämlich Orte aufsuchen, mit denen ihn in Berlin Erinnerungen verbanden. Es waren recht viele Orte.

Er freute sich, daß zwei Häuser noch da waren, in denen er jeweils einige Jahre gewohnt hatte. Er stand auf dem gegenüberliegenden Bürgersteig und blickte hin zu einem Balkon im dritten Stock. Dutzendemal hatte er auf diesem Balkon mit einer blonden, zehn Jahre älteren Frau gesessen. Sie sprachen stundenlang über Lucien de Rubempré und Dmítry Karamasow, über Effi Briest und Madame Chauchat und er sagte, die Literatur sei weit interessanter als das Leben, denn er kannte die Literatur besser als das Leben.

Sie sprachen auch über die Liebe, und er erklärte, es gäbe im Leben eines jeden Menschen nur ein wirklich großes Liebeserlebnis. Sie lächelte und sagte still und bescheiden, sie sei anderer Ansicht. Und dachte wohl: Dieser Sechzehnjährige spricht über die Liebe, wie ein Mensch, der hundert Bücher über das Theater gelesen, aber nie eine Vorstellung gesehen hat. Und doch nahm sie ernst, was er sagte.

Dann ging er über den Hohenzollernplatz – damals waren hier einige gelbe Bänke mit der Aufschrift »Nur für Juden« – und stand vor einem Schulgebäude in der Emser Straße. Es war ihm in dieser Schule, obwohl der Direktor an Nationalfeiertagen in einer braunen Uniform erschien, nicht schlecht ergangen. Das Haus ist nur etwas beschädigt, er geht hinein. Der Schuldiener ist nicht erstaunt, einen ausländischen Offizier zu sehen. Es seien in letzter Zeit viele ehemalige Schüler gekommen, die nun amerikanische oder englische Uniformen trügen. Ja, natürlich könne er über die Herrn Lehrer Auskunft geben, er habe ja schon vor dem Krieg hier gearbeitet, damals sei er allerdings nur Heizer gewesen.

Der junge Mann fragt ihn nach einem Doktor Baeck, dem Germanisten, der immer, wenn ein Schüler den Namen Heine erwähnte, rot wurde und ausweichend antwortete. Er erinnert sich daran, wie der Doktor Baeck ihm in der großen Pause einen sehr langen Hausaufsatz über Büchner zurückgab und sagte, dies sei keine Schularbeit, sondern ein kritischer Versuch und dieser Versuch sei noch nicht ganz gelungen, er könne leider nur mit »zwei minus« beurteilt werden. Der Schüler war sehr enttäuscht, denn er hat eine eins erwartet. Dann sagte der Doktor, er solle doch an ihn denken, wenn er einmal Kritiker geworden sei, denn das werde er bestimmt werden.

Nun lächelt der junge Mann, der mit dem ehemaligen Heizer spricht, ein wenig resigniert – denn der freundliche Germanist hatte sich damals leider geirrt. In ein paar Jahren wird aber der Verfasser des Büchner-Schulaufsatzes keine Uniform tragen und zu seiner eigenen Überraschung feststellen müssen, daß Doktor Baeck sich doch nicht ganz geirrt hatte.

Jetzt geht der junge Mann in nördlicher Richtung, nach Charlottenburg. Er steht vor der Ruine des häßlichen Opernhauses in der Bismarckstraße und gedenkt mit Dankbarkeit und nicht ohne Rührung seiner älteren Schwester, die ihm hier, als er kaum dreizehn Jahre alt war, zum ersten Mal die »Meistersinger« gezeigt hat. Am nächsten Tag besucht der Offizier die menschenleere, zerstörte Innenstadt. Er steht vor einem Gebäude, das er für das schönste in Berlin hielt. Es ist das Haus am Gendarmenmarkt. Es ist zwölf Uhr mittags, aber er ist ganz allein. Der Schwarzmarkt hat sich den unfernen Platz zwischen dem Brandenburger Tor und dem Reichstag auserkoren, hier ist niemand. Er geht auf und ab vor der Ruine des gewaltigen und doch nicht schwerfälligen, ja fast graziösen Schinkelbaus.

Er hat hier herrliche Abende erlebt. Sind diese Abende für ihn nur deswegen so unvergeßlich, weil er damals vierzehn, sechzehn, achtzehn Jahre alt war, oder ist es wirklich großes Theater gewesen, das hier trotz brauner Bevormundung gespielt wurde? Ja, es ist wohl doch großes Theater gewesen. Die Erinnerungen werden wach. Er glaubt, die einzigartige Stimme Käthe Golds zu hören, die hier ein freudvolles und leidvolles, himmelhoch jauchzendes und zum Tode betrübtes Klärchen spielte. Er hört Gustaf Gründgens versichern, der arme Yorick sei ein Bursch von unendlichem Humor gewesen, und Werner Krauss ankündigen, er sei gewillt, ein Bösewicht zu werden. Und die Henker trugen im dritten Richard braune Kostüme.

Hier spielte Friedrich Kayssler den Brutus so, daß niemand dem Antonius glauben wollte, dieser Brutus sei kein ehrenwerter Mann. Käthe Dorsch war eine milde und zarte Maria Stuart und eine bezaubernde Gräfin Almaviva, Paul Hartmann – ein nobler und ritterlicher Graf Wetter vom Strahl. Gründgens servierte den Riccaut de la Marlinière wie ein vollendetes Jongleurkunststück, und in derselben Vorstellung verabschiedete sich eine Schauspielerin, die nun eine neue Rolle übernommen hatte – die der Gattin eines Mörders. Aber das Theater hatte dadurch keine Einbuße erlitten.

Sonntag morgens um zehn Uhr begann der Vorverkauf, Empore kostete eine Mark, dritter Rang – zwei Mark. Wenn man rechtzeitig hinkam, konnte man die erste Reihe auf dem dritten Rang haben. Da oben war die Akustik besser als im Parkett – wenn Eugen Klöpfer spielte, der oft seine Rolle nicht auswendig konnte, war der Text doppelt zu hören. Manchmal erwies sich das frühe Aufstehen am Sonntag morgen als überflüssig – der Saal war halbleer als Krauss davor warnte, an den Schlaf der Welt zu rühren. Das Publikum mag den »Gyges« nicht. Und Krauss als Michael Kramer . . . Zusammen mit Hauptmann dankt er dem begeisterten Premierenpublikum. Man kann es ihm bescheinigen: Er spielte den Kramer besser als Hauptmann den Olympier. Zahllose Erinnerungen: Hermine Körner als Klytämnestra, Hilde Weissner als Alkmene, Paul Bildt als Irrenarzt im »Peer Gynt«, Aribert Wäscher als Leporello, Maria Koppenhöfer als Lears Tochter Regan, Victor de Kowa als Figaro, Maria Bard als Shaws Elisa . . .

Es sind nicht nur angenehme Erinnerungen, die jetzt wachwerden. In der Nürnberger Straße, in dem »Kleinen Haus«, in dessen Zuschauerraum allerdings mehr Plätze waren als in dem »Großen Haus«, wird Hauptmanns fünfundsiebzigster Geburtstag gefeiert. Von vier Jungfern vom Bischofsberg umgeben – die jüngste war die Gold – steht der weißhaarige Greis auf der Bühne. In der Seitenloge sitzt ein feister Mann, dessen Brust zahllose Orden schmücken. Der Dichter der »Weber« erhebt seine rechte Hand – winkt er dem Mörder freundlich zu oder deutet er gar den Gruß der Braunen an?

Nach einer Vorstellung der »Emilia Galotti« – unheimlich war es im Saal als dem Prinzen, den Gründgens spielte, ein Todesurteil zur Unterzeichnung vorgelegt wurde und er die Worte sprach: »Recht gern. Nur her! Geschwind« – hat der junge Mann in der Telefonzelle des »Kleinen Hauses« ein Gedichtchen gefunden, in dem es hieß:

Noch nie ein Volk zu Führern sich erkor

Den Wurm, den Spiegelberg und den Franz Moor.
Auch an die beiden Schlußzeilen kann sich noch der Spaziergänger am Gendarmenmarkt erinnern:

Ein neuer Gesslerhut ward aufgerichtet,

Doch wartet nur, bald kommt ein neuer Tell.
Der neue Tell ist nun nicht gekommen, und die Häuser am Gendarmenmarkt und in der Nürnberger Straße sind zerstört.

Aber in der Schumannstraße wird wieder gespielt. Wie gut, daß Reinhardts Haus, in dem sich in brauner Zeit einer seiner Schüler mit Erfolg um sauberes Theater mühte, noch da ist! Hier sprach Paula Wessely als Hero leise und bescheiden Grillparzers feierliche Verse, hier war sie eine bäuerlich-robuste Johanna Shaws. Hier war die Dorsch eine ganz unpathetische Iphigenie, hier versuchte Luise Ullrich die Schillersche Johanna zu modernisieren. Als Marquis Posa den König aufforderte, Gedankenfreiheit zu geben – unterbrach frenetischer Beifall das Spiel. War es nur Anerkennung für Ewald Balser oder war es vielleicht ein Protest gegen die, die den Gedanken haßten und die Freiheit bekämpften?

Vor einigen Tagen war der junge Mann zum ersten Mal wieder in einem Berliner Theater. In der Schumannstraße hat man die Geschichte vom weisen Juden Nathan gespielt, dessen Frau und sieben Söhne verbrannt wurden. Paul Wegener war ein ganz unjüdischer Nathan, weil er wohl befürchtete, daß die Betonung des Jüdischen im Tonfall und in der Gestik als Antisemitismus aufgefaßt werden könnte. Schließlich sind es nur wenige Jahre her, daß über die gleichen Bretter ein Stück ging, das den Titel »Rothschild siegt bei Waterloo« trug.

Unser Mann wollte auch sehen, wie das deutsche Publikum jetzt auf den »Nathan« reagiert. Er konnte es aber nicht sehen – den Zuschauerraum füllten vor allem Offiziere in Uniformen der vier Besatzungsmächte. Die meisten sahen wie Juden aus und sprachen erstaunlich gut deutsch. – Wie würde sich wohl der Lessing verhalten haben, wenn er hundertfünfzig Jahre später zur Welt gekommen wäre? Der junge Mann glaubt, Lessing hätte wohl, wie sein um fast anderthalb Jahrhunderte später geborener Kollege, über die BBC Rundfunkansprachen an das deutsche Volk gehalten. Die beiden Herrn hätten sich wohl gut vertragen.

Heute ist nun der junge Oberleutnant zum zweiten Mal im Theater in der Schumannstraße. Er hat, wie gesagt, den Chauffeur nach Hause geschickt. Nach der Vorstellung will er allein sein. Man spielt nämlich ein Stück, das ihn immer sehr aufregt. Es ist die Geschichte eines jungen Intellektuellen, der das Pech hat, in einem totalitären Staat zu leben, sich gegen seine Umwelt aufbäumt und zerrieben wird. Es ist ein vorbildlicher Polizeistaat –

alle werden von allen ausspioniert. Der Minister traut nicht seinem Sohn, der sich nach Paris begeben hat, und schickt ihm einen Agenten nach, der ihn bespitzeln soll. Die Gemahlin des Herrschers soll ein wichtiges Gespräch mit ihrem Sohn, jenem jungen Intellektuellen, durchführen – aber auch ihr kann man nicht trauen: Der Minister wird die Unterredung persönlich belauschen. Dieser junge Intellektuelle ist besonders verdächtig – er ist nämlich gerade aus dem Ausland zurückgekehrt. Zwei Männer, die mit ihm zusammen erzogen wurden, werden geholt, um ihn, natürlich gegen entsprechende Entlohnung, zu erspähen. Immer wieder hört man von der Bühne das Wort »erspähen«.

Das Stück ist an der Zeit, denkt sich unser Mann im Zuschauerraum des Deutschen Theaters und verfolgt weiter die traurigen Geschicke des dänischen Prinzen Hamlet. Vor zehn Jahren hat er zum ersten Mal den »Hamlet« gesehen – damals stellte Gründgens bedeutungsvoll fest, die Welt sei aus den Fugen geraten und ganz Dänemark sei ein Gefängnis. Als der junge Theaterenthusiast nach Hause kam, berichtete er erregt einem älteren Freund, der ihn verständnisvoll anhörte und dann von den Hamlets Bassermanns und Moissis sprach und melancholisch sagte, es sei doch ein großes Glück, den »Hamlet« zum ersten Mal zu sehen. Jemand machte ihn sachlich darauf aufmerksam, er habe ja schließlich auch mal Glück gehabt – aber dies tröstete den älteren Freund nicht. Er dachte wohl, daß jemanden, der einen Anderen um dessen Jugend beneidet, die Tatsache, daß er auch mal jung gewesen ist, durchaus nicht tröstet.

Hamlet hat erklärt »Nur reden will ich Dolche, keine brauchen«, aber hat den feisten Chef der Polizei, den Innenminister Polonius, doch erdolcht. Der dritte Akt ist zu Ende. Unser Mann blättert im Programm. Und plötzlich stutzt er. Er hat im Personenzettel den Namen eines Mädchens gefunden, das er vor zehn Jahren hier, in Berlin, gekannt hatte. Nein, ein Irrtum ist ausgeschlossen: Der Vorname ist recht selten, der Nachname auch nicht allzu häufig und die etwas unglückliche Zusammenstellung von Vornamen und Nachnamen – gewiß einmalig. Das muß sie sein. Sie ist also doch Schauspielerin geworden. Aber im »Hamlet« gibt es nur zwei Frauenrollen. Sie spielt eine Hofdame, eine zwar stumme und trotzdem im Personenzettel angeführte Rolle. Einige Hofdamen waren im dritten Akt zu sehen, aber er hat sie nicht erkannt. Wenn dem unfairen Sportwettkampf im fünften Akt, bei dem der König sich persönlich als Getränkemixer betätigt, Hofdamen zuschauen werden, wird er sie nach der Vorstellung treffen können.

Nun steht er am Bühneneingang, an dem er einst die Dorsch oder die Wessely um Autogramme bat, und erwartet die Darstellerin einer stummen Rolle. Er ist ganz allein, und das ist nicht verwunderlich. Wer wenig zu essen hat, der geht trotzdem oder vielleicht sogar deswegen ins Theater, aber ist dann zu hungrig, um noch am Bühneneingang auf die Schauspieler zu warten.

Und wieder schweifen die Gedanken des jungen Mannes in die Vergangenheit. Man schrieb das Jahr 1936. Manche wollten damals glauben, die Welt sei noch nicht aus den Fugen geraten. Olympische Spiele. Wer zählt die

Völker, nennt die Namen, die gastlich hier zusammenkamen? Adolf Hitler eröffnete die Spiele, Richard Strauss schrieb die Hymne, auch Schiller und Beethoven wurden bemüht: Freude, schöner Götterfunken . . . Alle Menschen werden Brüder . . . Seid umschlungen, Millionen! Der rassisch minderwertige Jessie Owens gewinnt drei Goldmedaillen. Goebbels Stimme: Ich rufe die Jugend der Welt nach Tokio. Das Spiel war zu Ende, das Dritte Reich ging weiter.

Damals war er sechzehn, sie war vierzehn. Sie trafen sich im Schöneberger Stadtpark und redeten lange und weise über Literatur und Theater. Er erprobte seinen Spott an Schillers Dramen und sprach mit Bewunderung über Shakespeare und zitierte Heines Liebesgedichte. Und sie zeigte ihm ihre Gedichte und kleinen Erzählungen, und er fand sie herzlich schlecht und doch imponierte es ihm maßlos, daß sie in der Kinderbeilage einer jüdischen Zeitung gedruckt wurden. Sie sagte, sie wolle Schauspielerin werden und er sagte, er wolle Germanistik studieren und Kritiker oder Dramaturg werden. Und beider Wünschen waren unsinnig, denn es waren ja die Wünsche von Juden in Berlin, anno 1936.

Sie gefiel ihm ganz gut und er wunderte sich damals, daß die Liebe, über die er soviel gelesen hatte, nicht kam. Er dachte, in seinem Alter sei es höchste Zeit, ein Mädchen zu lieben. Er war neugierig und ungeduldig. Eine Liebe war es also nicht, nicht einmal eine Liebelei – nur eine kurze Freundschaft. Dann waren sie auseinandergegangen und hörten nichts mehr voneinander. Und nun imponiert sie ihm wieder ein wenig. Vor zehn Jahren wurden ihre Arbeiten gedruckt, und jetzt hatte sie trotz allem ihren Willen durchgesetzt und stand auf der Bühne eines der besten deutschsprachigen Theater – in einer stummen Rolle, gewiß, aber so fängt es wohl immer an.

Der Portier des Bühneneingangs hat das Licht ausgeschaltet, es ist ganz dunkel geworden. Wird er sie überhaupt erkennen? Im fünften Akt waren tatsächlich einige Hofdamen zu sehen, aber er konnte sich nicht entscheiden, welche das Mädchen war, mit dem er einst natürlich auch über »Hamlet« viel gesprochen hatte. Sie wird ihn wohl nicht erkennen, denn er hat sich ja mächtig verändert und ist gewissermaßen auch in einem Kostüm, in einer Uniform. Vielleicht wird sie vermuten, ein Offizier benötige dringend eine Frau für die Nacht. Er wird sich ihr also vorstellen müssen. Und vielleicht wird sie sich überhaupt nicht an ihn erinnern können. Was für ihn eine kurze, doch aus irgendeinem Grunde eine unvergeßliche Jugendepisode war, das konnte für sie soviel wie nichts bedeuten. Zwei sich völlig fremd gewordene Menschen werden sich gegenüberstehen, es kann, ja es muß wohl ein etwas peinliches Gespräch werden. »Verzeihen Sie, aber ich entsinne mich wirklich nicht, es muß ein Mißverständnis sein.« Und später: »Nimm es mir bitte nicht übel. Man hat ja inzwischen soviel erlebt.«

Er kommt zu dem Ergebnis, daß eine kühle Begegnung mit dem einzigen Menschen, den er vor dem Krieg in Berlin kannte und der nun auch in Berlin war, ihn mehr enttäuschen würde, als eine herzliche Begegnung ihn erfreuen könnte. Plötzlich ist er entschlossen. Er geht schnell weg.

Dunkel und traurig sieht die zerstörte Stadt aus, ein offener Wagen mit sowjetischen Soldaten, die laut ein Lied singen, fährt in rasendem Tempo vorbei, von weitem dröhnt die S-Bahn. Es beginnt zu regnen. »Denn der Regen, der regnet jeglichen Tag« – sang vor zehn Jahren mit knarrender Stimme Walter Franck als Narr im »Lear«. Der junge Offizier hat Walter Franck gestern wieder gesehen – er hat den Macbeth gespielt. Auch ein Stück an der Zeit. Wie heißt noch der Schlußvers des vierten Akts?

Faßt frischen Mut; so lang ist keine Nacht,
Daß endlich nicht der helle Morgen lacht.

Aber die Nacht hat erst begonnen, es ist noch sehr dunkel. Der junge Mann geht langsam nach Hause.

Frankfurt am Main, im August 1958

Nachbemerkung

Man wird mich hoffentlich nicht der Koketterie verdächtigen, wenn ich gleich offen sage, was ich von dieser Geschichte halte. Sie ist unbeholfen und streckenweise klischeehaft. Es handelt sich um schlechte Prosa. Da gibt es nichts zu entschuldigen, aber vielleicht etwas zu erklären.

Als ich am 21. Juli 1958 auf dem Hauptbahnhof Frankfurt am Main aus dem Zug stieg, begann ein neues Kapitel meines Lebens: Ich war aus Warschau gekommen, wohin ich nicht mehr zurückkehren wollte. Bei einem Verwandten fand ich vorerst Unterkunft. Dennoch war meine Situation nicht zu beneiden, denn ich hatte nur sehr wenig Gepäck. Und mein Vermögen bestand aus zwanzig Mark. Mehr hat mir die Devisenabteilung der Polnischen Nationalbank nicht bewilligt. Kurz: Ich brauchte dringend Geld. Deshalb schrieb ich Anfang August dieses Prosastück.

Da es mir sehr sentimental geraten war, wählte ich die Flucht nach vorn und betitelte es: »Eine sehr sentimentale Geschichte« – was von den Gewissensbissen des Autors zeugt, aber die Sentimentalität nicht mindert. Und warum nannte ich es eine »Geschichte«, wo es doch eindeutig eine autobiographische Skizze ist? Ich folgte dem Ratschlag meines Freundes Siegfried Lenz, der mir augenzwinkernd bedeutete, der Rundfunk zahle für Erzählendes bessere Honorare als für berichtende Prosa.

In der Tat erhielt ich von dem Norddeutschen Rundfunk für diesen dürftigen Text tausend Mark. Das war damals viel Geld, und ich war sehr zufrieden. Am 23. November 1958 wurde die Sache unter dem Titel »Berlin 1945« gesendet. Doch dies konnte mich nicht beirren: Ich habe das Prosastück keiner Zeitung oder Zeitschrift angeboten. Das immerhin darf ich mir zugute halten.

Wenn ich jetzt zustimme, daß es hier zum ersten Mal gedruckt wird, so nur deshalb, weil diese »Geschichte«, was immer sie taugen mag, einen Abschnitt meines Lebens dokumentiert und vielleicht sogar ein Zeitdokument ist.

Frankfurt am Main, im Februar 1995   *M. R.-R.*

Anhang

Literaturverzeichnis

I. Verwendete Literatur
1. Über Marcel Reich-Ranicki

Bienek, Horst: *Die Wiederentdeckung Wolfgang Koeppens*. In: Jens Jessen (Hrsg.): *Über Marcel Reich-Ranicki*. München 1985

Grabowska, Agnieszka: *Marceli Ranicki – Polnischer Kritiker der deutschen Literatur*. Poznan 1991 (Magisterarbeit, Manuskript)

Gremliza, Hermann L.: *Jetzt reicht's, Ranicki!* In: *Konkret* 5/1976

Henscheid, Eckhard: *Unser Lautester*. In: *Titanic* 9/1985

Heller, Edith: *Begegnung mit einer schwierigen Vergangenheit. Stationen der politischen Biographie des Marcel Reich-Ranicki*. In: *Hamburger Abendblatt* vom 22.6.1994

Helling, Reinhard: *Sozio-biographische Studie über den Literaturkritiker Marcel Reich-Ranicki und sein publizistisches Wirken in der Bundesrepublik Deutschland 1958 bis 1992*. Hamburg 1993 (Diplomarbeit, Manuskript)

Hettche, Thomas: *Statt einer Literaturgeschichte*. In: *F.A.Z.* vom 23.10.1993 (Fernsehkritik zum »Literarischen Quartett«)

Karasek, Hellmuth: *Des Bänkelsängers Fluch*. In: *Der Spiegel* vom 11.7.1994

Koeppen, Wolfgang: *Er schreibt über mich, also bin ich*. In: Jens Jessen (Hrsg.): *Über Marcel Reich-Ranicki*. München 1985

Lenz, Siegfried: *Zeit der Paranoia*. In: *Die Woche* vom 9.6.1994

Muschg, Adolf: *Kritisches Wäldchen*. In: Jens Jessen (Hrsg.): *Über Marcel Reich-Ranicki*. München 1985

Nowakowski, Tadeusz: *Geboren in Włocławek*. In: Jens Jessen (Hrsg.): *Über Marcel Reich-Ranicki*. München 1985

Schirrmacher, Frank: *Der geträumte Kritiker*. Laudatio auf Marcel Reich-Ranicki. In: *F.A.Z.* vom 24.4.1993

Schütte, Wolfram: *O Tannenbaum, o Tannenbaum*. Eine Sammlung von »Nachprüfungen« Marcel Reich-Ranickis, nachgeprüft. In: *Frankfurter Rundschau* vom 16.7.1977

Schultz-Gerstein, Christian: *Ein furchtbarer Kunst-Richter*. In: *Der Spiegel* vom 21.8.1978

Stehle, Hansjakob: *Ein Jude und ein Kommunist*. In: Jens Jessen (Hrsg.): *Über Marcel Reich-Ranicki*. München 1985

Tycner, Janusz: *Die Akte Ranicki*. In: *Die Zeit* vom 15.7.1994

2. Literatur allgemein

Baumgart, Reinhard: *Deutsche Literatur der Gegenwart*. München 1994
Fichte, Hubert: *Der kleine Hauptbahnhof oder Lob des Strichs*. Frankfurt am Main 1988
Görzel, Klaus: *Literaturkritik in der Gegenwart*. In: *Der Deutschunterricht* 1/1991
Grass, Günter: *Aus dem Tagebuch einer Schnecke*. Darmstadt 1972
Handke, Peter: *Die Lehre der Sainte-Victoire*. Frankfurt am Main 1980
Handke, Peter: *Mein Jahr in der Niemandsbucht*. Frankfurt am Main 1994
Hinderer, Walter: »*Über was dann gleich spräche man wie*«. Kritische Ansichten über Ansichten der Kritik heute. In: *Gründlich verstehen*. Herausgegeben von Franz Josef Görtz und Gert Ueding. Frankfurt am Main 1985
Koeppen, Wolfgang: *Ohne Absicht*. Gespräch mit Marcel Reich-Ranicki in der Reihe »Zeugen des Jahrhunderts«. Göttingen 1994
Krüger, Michael: *An die Akzente-Leser*. In: *Akzente* 1/1995
Literaturkritik aus Autorenperspektive. Günter Grass im Gespräch mit Stephan Lohr. In: *Der Deutschunterricht* 1/1991
Luft, Friedrich: *Über die Figur des Großkritikers*. In: Jens Jessen (Hrsg.): *Über Marcel Reich-Ranicki*. München 1985
Mann, Thomas: *Leiden und Größe der Meister*. Frankfurt am Main 1982
Meyer, Martin: *Kritik . . . und Urteil*. In: *Neue Zürcher Zeitung* vom 1.3.1985
Müller, Lothar: *Krise der Kritik*. In: *Der Deutschunterricht* 1/1991
Muschg, Adolf: *Kritisches Wäldchen*. In: Jens Jessen (Hrsg.): *Über Marcel Reich-Ranicki*. München 1985
Walser, Martin: *Ohne einander*. Frankfurt am Main 1993
Walser, Martin: *Gesammelte Geschichten*. Frankfurt am Main 1983
Walser, Martin: »*Wer lädt schon einen Skinhead ein . . .*« (Interview). In: *Stern* vom 29.7.1993
Wittstock, Uwe: *Von der Stalinallee zum Prenzlauer Berg*. Wege der DDR-Literatur 1949-1989. München 1989

3. Zitierte Einzelbeiträge und Interviews Reich-Ranickis

Böll wird diffamiert. In: *F.A.Z.* vom 3.10.1977
Deutsche Literatur 1977. Ein Überblick aus Anlaß der Frankfurter Buchmesse. In: *F.A.Z.* vom 13.10.1977

Die Meistersinger von Nürnberg. Anmerkungen zu einer deutschen Fest-
oper. In: *F.A.Z.* vom 19.6.1993

Erich Weinert – ein Dichter des deutschen Volkes. In: *Sinn und Form* 1/1953 (als
Marceli Ranicki)

Gespräch mit Herlinde Koelbl. In: Peter Wapnewski (Hrsg.): *Betrifft Literatur.* Über Marcel Reich-Ranicki. Stuttgart 1990

Hölderlin und eine Annäherung. Eine Rede aus gegebenem Anlaß. In:
F.A.Z. vom 27.6.1987

»Ich bin nie ein parteitreuer Kritiker gewesen«. Gespräch mit Klara Obermüller. In: *Weltwoche* vom 9.6.1994

In eigener Sache. Zu einer Beilage der »Neuen Zürcher Zeitung« über
die Literaturkritik. In: *F.A.Z.* vom 7.3.1985

Ja, ich habe daran geglaubt. Gespräch mit Ulrich Greiner. In: *Die Zeit*
vom 10.6.1994

Macht Verfolgung kreativ? Polemische Anmerkungen aus aktuellem Anlaß: Christa Wolf und Thomas Brasch. In: *F.A.Z.* vom 12.11.1987

Probleme des deutschen Gegenwartsromans. In: *Neue deutsche Literatur* 1/1955
(als Marcel Ranicki)

»Schämen tue ich mich nicht«. Gespräch mit Stephan Sattler. In: *Focus* 23/
1994

»Wer nichts kann, muß denunzieren«. Gespräch mit Hannes Hintermeier.
In: *Abendzeitung* vom 15.11.1994

II. Bibliographie der Arbeiten Marcel Reich-Ranickis

Die nachstehende Bibliographie verzeichnet eine Auswahl der in polnischer Sprache publizierten Arbeiten Reich-Ranickis. Der zweite Teil, der seine deutschsprachigen Veröffentlichungen registriert, erhebt ebenfalls keinen Anspruch auf Vollständigkeit. So bieten die Abschnitte 3, 4 und 5 nur eine Auswahl der in Sammelbänden, Zeitschriften und Zeitungen publizierten Arbeiten sowie der Interviews und Diskussionsbeiträge. Viele kleinere Beiträge blieben ebenso unberücksichtigt wie diejenigen, die zunächst in Sammelbänden, Zeitschriften oder Zeitungen erschienen sind und später in die Bücher Reich-Ranickis aufgenommen wurden. Dies gilt auch für Nachdrukke von Aufsätzen aus diesen Büchern. Bei Arbeiten in Zeitschriften und Zeitungen, die später auch in Sammelbänden (sowohl von als auch über Reich-Ranicki) erschienen sind, werden bloß die letzteren angeführt.

Teil I
Arbeiten in polnischer Sprache

1. Selbständige Veröffentlichungen.

Z dziejów literatury niemieckiej 1871–1954. (Aus der Geschichte der deutschen Literatur 1871–1954.) Warschau 1955.
Epika Anny Seghers. (Die Epik der Anna Seghers.) Warschau 1957.

2. Herausgegebene Bücher.

Droga przez mrok. (Der Weg durch die Dämmerung. Deutsche Exilprosa 1933–1945.) Warschau 1951.
Theodor Storm: *Wybór opowiadán.* (Eine Auswahl der Erzählungen.) Warschau 1958.

3. Aufsätze in Sammelbänden, Vor- und Nachworte.

Nachwort. In: Heinrich Mann, *Professor Unrat.* Warschau 1952.
Nachwort. In: Theodor Fontane, *Schach von Wuthenow.* Warschau
1953.
Nachwort. In: Anna Seghers, *Das siebte Kreuz.* Warschau 1953.
Vorwort. In: Anna Seghers, *Aufstand der Fischer und andere Erzählungen.*
Warschau 1953.
Vorwort. In: Johann Wolfgang von Goethe, *Lyrische Gedichte und Bal-
laden.* Warschau 1955.
Hermann Hesse. In: Hermann Hesse, *Unterm Rad.* Warschau 1955.
Bernhard Kellermann. In: Bernhard Kellermann, *Der 9. November.* War-
schau 1955.
Deutsche Literatur 1871–1955. In: *Literarisches Jahrbuch 1955.* Warschau
1956.
Wilhelm Raabe. In: Wilhelm Raabe, *Die Chronik der Sperlingsgasse.* War-
schau 1956.
Leonhard Frank. In: Leonhard Frank, *Karl und Anna.* Warschau 1956.
Deutsche Literatur 1871–1956. In: *Literarisches Jahrbuch 1956.* Warschau 1957.

4. Aufsätze in Zeitschriften und Zeitungen.

Über die Prosa Johannes R. Bechers. In: *Życie literackie*, Krakau, 21.12.1952.
Arnold Zweig: Das Beil von Wandsbek. In: *Twórczość*, Warschau, 1953/1.
Gottfried Keller und seine Novellen »Die Leute von Seldwyla«. In: *Nowa Kultu-
ra*, Warschau, 25.1.1953.
Über einige Probleme des deutschen Gegenwartsromans. In: *Twórczość*, War-
schau, 1954/10.
Thomas Mann – Die Erziehung Hans Castorps. In: *Nowa Kultura*, Warschau,
29.5.1955.
Lion Feuchtwanger: Der falsche Nero. In: *Twórczość*, Warschau, 1956/8.
Lion Feuchtwanger: Die Füchse im Weinberg. Twórczość, Warschau, 1956/11.
Remarque, der Krieg und die Liebe. In: *Przeglad Kulturąlny*, Warschau,
3.1.1957.
Heinrich Böll: Und sagte kein einziges Wort. In: *Twórczość*, Warschau, 1957/5.
Die Novellistik Stefan Zweigs. In: *Twórczość*, Warschau, 1957/7.
Wolfgang Koeppen: Tod in Rom. In: *Twórczość*, Warschau, 1957/7.
Lion Feuchtwanger. Die Geschwister Oppermann. In: *Twórczość*, Warschau,
1957/10/11.

Klaus Mann und sein »Mephisto«. Twórczość, Warschau, 1957/10/11.
Die Tragödie der Steppenwölfe. Anmerkungen zu einigen Problemen der Epik Hermann Hesses. In: *Twórczość*, Warschau, 1958/2.
Die Kritik der reinen Vernunft. Über Max Frischs Roman »Homo faber«. In: *Polityka*, Warschau, 29.3.1958.
Neue deutsche Prosa. Über die Romane »Sansibar« von Alfred Andersch und »Der Mann im Strom« von Siegfried Lenz. In: *Twórczość*, Warschau, 1958/3.

5. Übersetzungen
(aus dem Deutschen zusammen mit Andrzej Wirth).

Friedrich Dürrenmatt: Besuch der alten Dame. In: *Dialog*, Warschau, 1957/9.
Franz Kafka: Das Schloß (in der Bühnenfassung von Max Brod). Bühnenmanuskript, Warschau 1958.

Teil II
Arbeiten in deutscher Sprache

1. Selbständige Buchveröffentlichungen

Deutsche Literatur in West und Ost. Prosa seit 1945. München 1963. – Neuausgabe: Stuttgart 1983.
Literarisches Leben in Deutschland. Kommentare und Pamphlete. München 1965.
Wer schreibt, provoziert. Kommentare und Pamphlete. München 1965.
Literatur der kleinen Schritte. Deutsche Schriftsteller heute. München 1967. – Erweiterte Taschenbuch-Ausgabe: Frankfurt/M.-Berlin-Wien 1971. – Abermals erweiterte Taschenbuch-Ausgabe: München 1991.
Die Ungeliebten. Sieben Emigranten. Pfullingen 1968.
Lauter Verrisse. Mit einem einleitenden Essay. München 1970. – Erweiterte Taschenbuch-Ausgabe: Berlin-Wien 1973. – Erweiterte Neuausgabe: Stuttgart 1984.
Über Ruhestörer. Juden in der deutschen Literatur. München 1973. – Erweiterte Taschenbuch-Ausgabe: Berlin-Wien 1977. – Erweiterte Neuausgabe: Stuttgart 1989. – Abermals erweiterte Neuausgabe: München 1993.

Zur Literatur der DDR. München 1974.

Nachprüfung. Aufsätze über deutsche Schriftsteller von gestern. München 1977. – Erweiterte Neuausgabe: Stuttgart 1980. – Erweiterte Taschenbuch-Ausgabe: München 1990.

Entgegnung. Zur deutschen Literatur der siebziger Jahre, Stuttgart 1979. – Erweiterte Neuausgabe: Stuttgart 1981.

Betrifft Goethe. (Zusammen mit der Rede des Kanzlers Friedrich von Müller von 1832) Zürich-München 1982. – Neuausgabe: Frankfurt/M. 1995.

Nichts als Literatur. Aufsätze und Anmerkungen. Stuttgart 1985.

Lauter Lobreden. Stuttgart 1985.

Mehr als ein Dichter. Über Heinrich Böll. Köln 1986.

Thomas Mann und die Seinen. Stuttgart 1987.

Zwischen Diktatur und Literatur. Marcel Reich-Ranicki im Gespräch mit Joachim Fest. Frankfurt/M. 1987.

Herz, Arzt und Literatur. Zwei Aufsätze. Zürich 1987.

Thomas Bernhard. Aufsätze und Reden. Zürich 1990.

Max Frisch. Aufsätze. Zürich 1991.

Ohne Rabatt. Über Literatur aus der DDR. Stuttgart 1991.

Reden auf Hilde Spiel. München 1991.

Der doppelte Boden. Ein Gespräch mit Peter von Matt. Zürich 1992.

Günter Grass. Aufsätze. Zürich 1992.

Die Anwälte der Literatur. Stuttgart 1994.

Martin Walser. Zürich 1994.

Vladimir Nabokov. Zürich 1995.

Die verkehrte Krone. Über Juden in der deutschen Literatur. Wiesbaden 1995.

Drei Reden. Sion 1995.

Ungeheuer oben. Über Bertolt Brecht. Berlin 1996.

Wolfgang Koeppen. Zürich 1996.

Der Unsinn auf unseren Bühnen oder ist Frankfurt überall? Stuttgart 1997.

Der Fall Heine. Stuttgart 1997.

2. Herausgegebene Bücher

Auch dort erzählt Deutschland. Prosa von »drüben«. München 1960.

Sechzehn Polnische Erzähler. Reinbek bei Hamburg 1962.

Erfundene Wahrheit. Deutsche Geschichten seit 1945. München 1965.

Notwendige Geschichten 1933–1945. München 1967.

In Sachen Böll. Ansichten und Einsichten. Köln 1968. – Dritte, erweiterte Auflage: Köln 1968.

Gesichtete Zeit. Deutsche Geschichten 1918–1933. München 1969.

Anbruch der Gegenwart. Deutsche Geschichten 1900–1918. München 1971.

Erfundene Wahrheit. Deutsche Geschichten 1945–1960 (Veränderte Neuauflage). München 1972.

Verteidigung der Zukunft. Deutsche Geschichten seit 1960. München 1972/1975.

Frankfurter Anthologie. Gedichte und Interpretationen (bisher 20 Bände). Frankfurt/M. 1976–1994.

Ludwig Börne: *Spiegelbild des Lebens*. Aufsätze über Literatur. Frankfurt/M. 1977. – Erweiterte Neuausgabe: Frankfurt/M. 1993.

Klagenfurter Texte zum Ingeborg Bachmann-Preis 1977, 1978, 1979, 1980, 1981, 1982 (6 Bände; Mitherausgeber: Humbert Fink und Ernst Willner). München 1977–1982.

Wolfgang Koeppen: *Die elenden Skribenten*. Aufsätze. Frankfurt/M. 1981.

Meine Schulzeit im Dritten Reich. Erinnerungen deutscher Schriftsteller. Köln 1982. Erweiterte Neuausgabe: Köln 1988.

Alfred Polgar: *Kleine Schriften*. Band 1: *Musterung*. Reinbek bei Hamburg 1982. Band 2: *Kreislauf*. Reinbek bei Hamburg 1983. Band 3: *Irrlicht*. Reinbek bei Hamburg 1984. Band 4: *Literatur*. Reinbek bei Hamburg 1984. Band 5: *Theater I*. Reinbek bei Hamburg 1985. Band 6: *Theater II*. Reinbek bei Hamburg 1986.

Klagenfurter Texte zum Ingeborg Bachmann Preis 1983, 1984, 1985, 1986 (4 Bände; Mitherausgeber: Humbert Fink). München 1983–1986.

Hundert Gedichte werden vorgestellt. Eine zeitgenössische Auswahl aus der Frankfurter Anthologie. Gütersloh o. J. (1983).

Über die Liebe. Gedichte und Interpretationen aus der Frankfurter Anthologie. Frankfurt/M. 1985.

Wolfgang Koeppen: *Gesammelte Werke* (6 Bände). Frankfurt/M. 1986.

Was halten Sie von Thomas Mann? Achtzehn Autoren antworten. Frankfurt/M. 1986.

Erzählte Gegenwart. Zehn Jahre Ingeborg Bachmann-Preis. München 1986.

Johann Wolfgang von Goethe: *Alle Freuden, die unendlichen*. Liebesgedichte und Interpretationen. Frankfurt/M. 1987.

Romane von gestern – heute gelesen. Band 1: 1900–1918. Frankfurt/M. 1989. Band 2: 1918–1933. Frankfurt/M. 1989. Band 3: 1933–1945. Frankfurt/M. 1990.

Horst Krüger – ein Schriftsteller auf Reisen. Materialien und Selbstzeugnisse. Hamburg 1989.

Johann Wolfgang von Goethe: *Verweile doch.* 111 Gedichte und Interpretationen. Frankfurt/M. 1992.

Wolfgang Koeppen: *Ohne Absicht.* Gespräch mit Marcel Reich-Ranicki in der Reihe »Zeugen des Jahrhunderts«. Göttingen 1994.

Hermann Burger: *Erzählungen.* Frankfurt/M. 1994.

Deutsche Erzähler des 20. Jahrhunderts. Von Arthur Schnitzler bis Robert Musil. Zürich 1994.

Deutsche Erzähler des 20. Jahrhunderts. Von Joseph Roth bis Hermann Burger. Zürich 1994.

1.000 Deutsche Gedichte und ihre Interpretationen (10 Bände), Frankfurt/M. 1994.

Rainer Maria Rilke: *Und ist ein Fest geworden.* 33 Gedichte mit Interpretationen. Frankfurt 1996.

Heinrich Heine: *Ich hab im Traum geweinet.* 44 Gedichte mit Interpretationen. Frankfurt 1997.

3. Aufsätze in Sammelbänden

Die Rolle des Schriftstellers in Polen. In: *Definitionen.* Essays zur Literatur. Herausgegeben von Adolf Frisé. Frankfurt/M. 1963.

Der Heilige und seine Narren. In: Gert H. Theunissen, *Das Schweigen und sein Publikum.* Eine Dokumentation. Köln 1964.

Deutsche Literatur der Gegenwart. In *Walter Jens* – Eine Einführung. München 1965.

Nachwort zu: Wolfdietrich Schnurre, *Die Erzählungen.* Olten 1966.

Eine Diktatur, die wir befürworten. Nichts als deutsche Literatur. Die Gruppe 47 und Er. In: *Die Gruppe 47.* Bericht – Kritik – Polemik. Ein Handbuch, herausgegeben von Reinhard Lettau. Neuwied und Berlin 1967.

Ein Neuankömmling betrachtet uns. Mario Szenessys bemerkenswerter Erzählungsband *Otto der Akrobat.* In: *Materialien. Projekt Deutschunterricht.* Sozialisation und Manipulation durch Sprache. Herausgeber: Heinz Ide. Stuttgart 1972.

Wieland Wagners Rechnung ging nicht auf. In: *Der Festspielhügel.* Richard Wagners Werk in Bayreuth. In Zusammenarbeit mit Dietrich Mack und Wilhelm Rauh, herausgegeben von Herbert Barth. München 1973.

Heinrich Böll. In: *Deutsche Dichter der Gegenwart. Ihr Leben und Werk.* Herausgegeben von Benno von Wiese. Berlin 1973.

Babel ist wie Babel. In: *Piper-Almanach zum 70. Jahr.* Herausgegeben von Klaus Piper. München 1974.

Berufsverbot für Reiner Kunze. In: *Reiner Kunze.* Materialien und Dokumente. Herausgegeben von Jürgen P. Wallmann. Frankfurt/M. 1977.

Eine außergewöhnliche Institution. In: *Der Weg war schon das Ziel.* Festschrift für Friedrich Torberg zum 70. Geburtstag. Herausgegeben von Josef Strelka. München 1978.

Von Leben und Tod. In: *Bienek lesen.* Herausgegeben von Michael Krüger. München o. J. (1980).

Der enttäuschte Revolutionär. In: *Über Alfred Andersch.* Herausgegeben von Gerd Haffmans. Zürich 1980.

Marco und der Zauberer. Michael Schneiders Novelle aus der Welt der Magie. In: *Fischer-Almanach der Literaturkritik 1980/81.* Herausgegeben von Andreas Werner. Frankfurt/M. 1981.

Exilliteratur – immer noch unbewältigt? In: *Literatur des Exils.* Herausgegeben von Bernt Engelmann. München 1981.

Franziska. In: *Ernst Weiß.* Herausgegeben von Peter Engel. Frankfurt/M. 1982.

Die Lust am Gedicht ist die Kehrseite des Schreckens. Über die Lyrik der Ulla Hahn. In: *Das sollten Sie lesen.* Herausgegeben von Jürgen Lodemann. Frankfurt/M. 1982.

Was unverletzbar bleibt. Zum Tod der Schriftstellerin Anna Seghers. In: *Deutsche Literatur 1983.* Ein Jahresüberblick. Herausgegeben von Volker Hage in Zusammenarbeit mit Adolf Fink. Stuttgart 1984.

Der trotzige Einzelgänger. Zum Tode des einsamen Schriftstellers Uwe Johnson. In: *Deutsche Literatur 1984.* Ein Jahresüberblick. Herausgegeben von Volker Hage in Zusammenarbeit mit Adolf Fink. Reclams Universal-Bibliothek, Stuttgart 1985.

Kurt Tucholsky. Deutscher, Preuße, Jude. In: *Juden und Judentum in der Literatur.* Herausgegeben von Hertbert A. Strauss und Christhard Hoffmann. München 1985.

Patrick Süskind, Das Parfum und *Marguerite Duras, Der Liebhaber.* In: Die *Bestenliste 1985.* Herausgegeben von Rainer Schirra. Frankfurt/M. 1985.

In eigener Sache. In: *Deutsche Literatur 1985.* Jahresüberblick. Herausgegeben von Volker Hage in Zusammenarbeit mit Adolf Fink. Stuttgart 1986.

Nachwort. In: Marie Luise Kaschnitz, *Orte und Menschen.* Frankfurt/M. 1986.

Siegfried Lenz, der gütige Zweifler. In: Siegfried Lenz, *Die Erzählungen 1949–1984.* München 1986.

Vorwort. In: Werner Ross, *Die Feder führend.* Schriften aus fünf Jahrzehnten. München 1987.

Der Fall Hölderlin und Peter Härtlings Annäherung. In: *Peter Härtling – Auskunft für Leser.* Herausgegeben von Martin Lüdke. Darmstadt 1988.

Lauter Unglücke. Zu den Preisen der Darmstädter Akademie. In: *Deutsche Literatur 1988.* Jahresüberblick. Herausgegeben von Franz Josef Görtz, Volker Hage und Uwe Wittstock. Stuttgart 1989.

Eine Liebeserklärung. In: *E. K. 1899–1989.* Zum 90. Geburtstag Erich Kästners, Begleitheft zur Ausstellung der Stadt- und Universitätsbibliothek. Frankfurt/M. 1989.

Der gelehrte Erzähler. In: Wolfgang Leppmann, *In zwei Welten zu Hause.* München 1989.

Bitte kein Arkadien. In: *Verlust und Ursprung.* Festschrift für Werner Weber. Herausgegeben von Angelika Maass und Bernhard Heinser. Zürich 1989.

Ein deutscher Dichter. Zum Tode von Erich Fried. In: *Deutsche Akademie für Sprache und Dichtung.* Jahrbuch 1988. Darmstadt 1989.

Wittek geht um und fällt durch. In: *Tankred Dorst.* Herausgegeben von Günter Erken. Frankfurt/M. 1989.

Artist am Abgrund. Zum Tode von Hermann Burger. In: *Deutsche Akademie für Sprache und Dichtung.* Jahrbuch 1989. Darmstadt 1990.

Treffpunkt Frankfurt. In: *Kulturstadt Frankfurt,* Szenen Institutionen Positionen. Herausgegeben von Rainer Erd. Frankfurt/M. 1990.

Der Romancier Joseph Roth. In: *Joseph Roth.* Interpretation – Kritik – Rezeption. Herausgegeben von Michael Kessler und Fritz Hackert. Stauffenburg-Verlag, Tübingen 1990.

Über die Maßstäbe der Literaturkritik. In: *Bayerische Akademie der Schönen Künste.* Jahrbuch 4. Schaftlach 1990.

Er war der Zaubermeister unserer Literatur und Er war mir nahe. In: *Salü Hermann.* In memoriam Hermann Burger. Herausgegeben von Klaus Isele. Eggingen 1991.

Über den Erwählten von Thomas Mann. In: Thomas Mann Jahrbuch. Band 4. Herausgegeben von Eckhard Heftrich und Hans Wysling. Frankfurt/M. 1991.

Der leidende Liedermacher. Laudatio auf Wolf Biermann. In: *Deutsche Akademie für Sprache und Dichtung.* Jahrbuch 1991. Darmstadt 1992.

Drei Idioten. Jurek Beckers Roman »Amanda herzlos«. In: *Deutsche Literatur 1992.* Herausgegeben von Franz Josef Görtz, Volker Hage und Uwe Wittstock unter Mitarbeit von Katharina Frühe. Stuttgart 1993.

Laudatio auf Tadeusz Nowakowski. In: *Jahrbuch 7.* Herausgegeben von der Bayerischen Akademie der Künste. Schaftlach 1993.

Keine Frucht ohne Schale. Rede bei der Verleihung des Kleist-Preises an Monika Maron. In: *Kleist Jahrbuch 1993.* Herausgegeben von Hans Joachim Kreutzer. Stuttgart-Weimar 1993.

Laudatio auf Hans Sahl. In: *Hans Sahl. Eine Würdigung.* Landau/Pfalz 1994.

Und alle, ausnahmslos alle respektierten diesen Mann. Zum Tode von Hans Werner Richter. In: *Deutsche Literatur 1993.* Herausgegeben von Franz Josef Görtz, Volker Hage und Uwe Wittstock. Stuttgart 1994.

Das dreißigste Jahr – Fälschung – Die Verklärung der Ingeborg Bachmann – Tageslicht statt Aureolen – Wahrheit ist noch zumutbar. In: *Über Ingeborg Bachmann.* Rezensionen – Porträts – Würdigungen (1952–1992). Herausgegeben von Michael Matthias Schardt. Paderborn 1994.

O sink hernieder, Nacht der Liebe. Der junge Thomas Mann, der Eros und die Musik. In: *Thomas Mann Jahrbuch – Band 7.* Herausgegeben von Eckhard Heftrich und Thomas Sprecher. Frankfurt/M. 1995.

Wer hat Angst vor Hilde Spiel? In: *Literatur über Literatur. Eine österreichische Anthologie.* Herausgegeben von Petra Nachbaur und Sigurd Paul Scheichl. Graz 1995.

Nachwort in: John Updike: *Der weite Weg zu zweit. Szenen einer Liebe.* Frankfurt 1996.

Glück und Unglück eines Alleinreisenden. In: *Recht, Geist und Kunst.* liber amicorum für Rüdiger Volhard. Baden-Baden 1996.

4. Aufsätze in Zeitschriften und Zeitungen

Ein neues Meisterwerk deutscher Prosa. Lion Feuchtwanger: »Die Jüdin von Toledo«. In: *Neue Deutsche Literatur*, Berlin, H. 3/1956.

Ein Versuch über den Humanisten Arnold Zweig. In: *Neue Deutsche Literatur*, Berlin, H. 9/1956.

Ein exemplarischer Novellist. Bemerkungen zur Epik Leonhard Franks. In: *Neue Deutsche Literatur*, Berlin, H. 1/1957.

Arnold Zweigs Roman »Die Zeit ist reif«. In: *F.A.Z.*, 26.9.1958.

Deutsche Schriftsteller, die jenseits der Elbe leben. In: *Die Welt*, 7.3.1959.

Die geistige Kapitulation der Anna Seghers. Zu dem Roman »Die Entscheidung«. In: *Die Welt*, 3.9.1959.

Ein großer Kenner unserer Literatur. Des Marxisten Hans Mayers Auseinandersetzung mit der bürgerlichen Dichtung. In: *Die Welt,* 19.9.1959.

Marek Hlasko, Polens zornigster junger Mann. In: *Die Kultur,* München, 15.10.1959.

Ein Eisenbahner aus der DDR. Zu Uwe Johnsons Roman »Mutmaßungen über Jakob«. In: *Sonntagsblatt,* Hamburg, 22.11.1959.

Das Fähnlein eines Aufrichtigen. Über Peter Huchel. In: *Sonntagsblatt,* Hamburg, 22.5.1960.

Das geteilte Deutschland der Rezensenten. Kritiker, aber keine Kritik in der Bundesrepublik. In: *Die Zeit,* 2.6.1961.

Das geteilte Deutschland der Rezensenten. Kritik, aber keine Kritiker in der DDR. In: *Die Zeit,* 9.6.1961.

Bruno Schulz, »Die Zimtläden«. In: *Neue Deutsche Hefte,* Berlin, H. 88/Juli, August 1962.

Ohne die Adresse zu hinterlassen. Über zwei Satirenbände des Polen Slawomir Mrozek. In: *Die Zeit,* 5.1.1962.

Der Streit um den Sergeanten Kephalides. Arnold Zweigs neuer Roman. In: *Die Zeit,* 5.3.1963.

Ein Meister mit der Narrenkappe. Über Stanislaw Jerzy Lec. In: *Die Zeit,* 4.9.1964.

Großer Aufwand ist vertan. Nachruf auf ein Handbuch der deutschen Gegenwartsliteratur. In: *Die Zeit,* 13.8.1965.

Ich bin kein Spucknapf. Zu Martin Kessels neuem Roman »Lydia Faude«. In: *Die Zeit,* 7.1.1966.

Spricht hier Moskau? Die Erzählungen des Julij Daniel (Nikolaj Arshak). In: *Die Zeit, 11.3.1966.*

Das Duell der Toten. Gegen das Verbot des Romans »Mephisto« von Klaus Mann. In: *Die Zeit,* 18.3.1966.

Ein neues Unternehmen – ein Stil von gestern. Aus Anlaß der Schiller-Volksausgabe des Hanser-Verlags. In: *Die Zeit,* 8.4.1966.

Aufstieg und Fall der Stadt Ljubimow. Das Hauptwerk des sowjetischen Autors Andreas Sinjawskij (Abram Terz). In: *Die Zeit,* 16.12.1966.

Geschichte einer Silvesternacht. Über Brigid Brophys Roman »Der Schneeball«. In: *Die Zeit,* 20.1.1967.

Gemütliche Mary McCarthy. Aus Anlaß der deutschen Ausgabe ihres Romans »Der Zauberkreis«. In: *Die Zeit,* 10.3.1967.

Politik in den Pausen. Rückblick auf die Tagung der Gruppe 47. In: *Die Zeit,* 20.10.1967.

Debütanten, Debütanten. Über neue Romane und Geschichten von

Gregor Laschen, Christa Carvajal, J. Wolfgang Körner, Hannelies Taschau und Manfred Franke. In: *Die Zeit*, 17.11.1967.

So phantasievoll wie sachlich. Mario Szenessys Roman »Verwandlungskünste«. In: *Die Zeit*, 24.11.1967.

Erotik mit guten Manieren. Zwei neue Bücher von Graham Greene. In: *Die Zeit*, 29.12.1967.

Endspiel einer geschlossenen Gesellschaft. Hans J. Fröhlichs »Tandelkeller«. In: *Die Zeit*, 19.1.1968.

Wolfgang Wagners halbherzige Meistersinger. In: *Die Zeit*, 2.8.1968.

Im ersten Kreis der Hölle. Alexander Solschenizyns großer Roman. In: *Die Zeit*, 3.1.1969.

Jüdische Motive in der amerikanischen Literatur. Aus Anlaß des Romans »Der Fixer« von Bernard Malamud. In: *Emuna* – Blätter für christlich-jüdische Zusammenarbeit, Köln/Frankfurt/M. H. 5/Oktober 1969.

Eine schnoddrige Berliner Romanze. Manfred Bielers Buch »Maria Morzeck oder das Kaninchen bin ich«. In: *Die Zeit*, 10.10.1969.

Ist die Erde wirklich rund? Peter Bichsels drittes Buch. In: *Die Zeit*, 17.10.1969.

Ein Neuankömmling betrachtet uns. Mario Szenessys Erzählungsband »Otto der Akrobat«. In: *Die Zeit*, 31.10.1969.

Obszön, brutal, poetisch. Zu Jerzy Kosinskis Prosabuch »Aus den Feuern«. In: *Die Zeit*, 27.3.1970.

Selbsthaß als Bestseller. Der Roman »Portnoys Beschwerden« von Philip Roth. In: *Die Zeit*, 10.4.1970.

Solschenizyn und wir. In: *Die Zeit*, 1.5.1970.

Aus dem Sammelbecken. Ernst Augustins Buch »Mamma«. In: *Die Zeit*, 18.9.1970.

Die zweite Regierung. Nobelpreis für Alexander Solschenizyn. In: *Die Zeit*, 16.10.1970.

Hintergründe eines späten Erfolgs. Der Bestseller »Nenne es Schlaf« von Henry Roth. In: *Die Zeit*, 26.3.1971.

Alter Mann in der Schwebe. Saul Bellows Roman »Mr. Sammlers Planet«. In: *Die Zeit*, 10.9.1971.

Redaktionelle Schwierigkeiten. Zu Robert Musils »Briefe nach Prag«. In: *Die Zeit*, 17.9.1971.

Freude durch Kraft. Über Ernest Hemingway und die Deutschen. In: *Die Zeit*, 19.11.1971.

Das Leben – eine Falle. Die Erzählungen des Amerikaners John Updike. In: *Die Zeit*, 25.2.1972.

Halbaffe regiert Bayern. Aus Anlaß eines Romans von Herbert Rosendorfer. In: *Die Zeit*, 20.10.1972.

Kalter Kaffee und viele Mädchen. Zu Jakov Linds »Nahaufnahme«. In: *Die Zeit*, 13.4.1973.

Krümel von Koeppens Tisch. Ein Taschenbuch mit Gelegenheitsarbeiten. In: *Die Zeit*, 27.4.1973.

Don Quichotte in den USA. Saul Bellows Erzählungen. In: *Die Zeit*, 26.10.1973.

Schrecklich ist die Verführung zum Roman. Jean Amérys Buch »Le feu oder Der Abbruch«. In: *F.A.Z.*, 1.6.1974.

Betrifft: Bücherlesen. Eine Polemik gegen Günter Grass. In: *F.A.Z.*, 8.10.1974.

Schalk, Philosoph und Plauderer. Anmerkungen zum Literatur-Nobelpreis für Saul Bellow. In: *F.A.Z.*, 22.10.1976.

Heldenvater Doblin. In: *F.A.Z.*, 24.8.1977.

Der alte Ärger und die neue Taktik. Anmerkungen zur Lage der DDR-Schriftsteller. In: *F.A.Z.*, 24.8.1977.

Das Wort beim Wort genommen. Heinz Politzer in Dankbarkeit und Verehrung. In: *F.A.Z.*, 3.8.1978.

Die Sehnsucht nach den Blauäugigen. Philip Roths Roman »Professor der Begierde«. In: *F.A.Z.*, 11.11.1978.

Am Anfang ist jede Romanze einfach. Erzählungen von Joyce Carol Oates. In: *F.A.Z.*, 13.1.1979.

Der schreibende Zeitgenosse. Zum Tode von Alfred Kantorowicz. In: *F.A.Z.*, 29.3.1979.

Verleumdung statt Aufklärung. Zu einem Zeit-Dossier von Fritz J. Raddatz. In: *F.A.Z.*, 18.10.1979.

Fragen vor chinesischen Mauern. Eine skeptische Reise ins Reich der Mitte. In: *F.A.Z.*, 9.2.1980.

Der Triumph des Elias Canetti. Aus Anlaß seines Buches »Die Fackel im Ohr«. In: *F.A.Z.*, 16.8.1980.

Ein schwieriger Einzelgänger. Wolfdietrich Schnurre zum sechzigsten Geburtstag. In: *F.A.Z.*, 22.8.1980.

Der fröhliche Germanist. Zum Tod von Robert Minder. In: *F.A.Z.*, 12.9.1980. *Salzburg.* In: *F.A.Z.-Magazin*, 12.9.1980.

Tageslicht statt Aureolen. Zu einem Fernsehfilm über Ingeborg Bachmann. In: *F.A.Z.*, 16.9.1980.

Die Aura der Poesie. Der Literatur-Nobelpreis für den polnischen Lyriker Czeslaw Milosz. In: *F.A.Z.*, 10.10.1980.

Die Kraft der Schwachen. Zum achtzigsten Geburtstag von Anna Seghers. In: *F.A.Z.*, 15.11.1980.

Kein Fall für die Justiz. Zur illegalen Neuausgabe des »Mephisto« von Klaus Mann. In: *F.A.Z.*, 18.12.1980.

Wolf Wondratschek oder Poesie in Jeans. In: *F.A.Z.*, 25.7.1981.

Ernüchternde Wallfahrt. Bayreuth oder der großartige Kummer mit Wagner. In: *F.A.Z.*, 29.8.1981.

Der Meister der Vermittlung. Zum 60. Geburtstag von Walter Hinck. In: *F.A.Z.*, 8.3.1982.

Philip Roths Befreiung. Ein geistreicher und amüsanter Roman. In: *F.A.Z.*, 13.3.1982.

Der Mensch ist gut. Zum hundertsten Geburtstag des Erzählers Leonhard Frank. In: *F.A.Z.*, 3.9.1982.

Der verlorene Sohn sucht den Frauenkontinent. Hermann Burgers Roman »Die Künstliche Mutter«. In: *F.A.Z.*, 5.10.1982.

Der Dolchstoß des Übersetzers. Saul Bellows Roman »Der Dezember des Dekans«. In: *F.A.Z.*, 4.12.1982.

Blumen für Dichter. In: *F.A.Z.*, 31.12.1982.

Kurt Tucholsky, ein Deutscher ohne Deutschland. Seine Briefe an Mary Gerold. In: *F.A.Z.*, 29.1.1983.

Dolle Damen, ganze Kerle. Joyce Carol Oates' »Bellefleur«. In: *F.A.Z.*, 2.4.1983.

Asche und Diamant. Zum Tode des polnischen Schriftstellers Jerzy Andrzejewski. In: *F.A.Z.*, 21.4.1983.

Der Sexroman dieser Jahre. »Bessere Verhältnisse« – das Meisterwerk des Erzählers John Updike. In: *F.A.Z.*, 21.5.1983.

Bei Schnitzler ist das Grausame diskret. Aus Anlaß seiner »Briefe 1875–1912« und der ersten Bände seines Tagebuchs. In: *F.A.Z.*, 4.2.1984.

Tolstojs Erbe. Zum Tode von Michail Scholochow. In: *F.A.Z.*, 22.2.1984.

Der trotzige Einzelgänger. Zum Tode des einsamen Schriftstellers Uwe Johnson. In: *F.A.Z.*, 14.3.1984.

Weltmeister Hemingway. Aus Anlaß der deutschen Ausgabe seiner ausgewählten Briefe. In: *F.A.Z.*, 28.4.1984.

Nehmt aus meinem Rücken das Messer. Peter Maiwalds erster Gedichtband »Balladen von Samstag auf Sonntag«. In: *F.A.Z.*, 2.10.1984.

Manchmal wurde die Langeweile schier unerträglich. Der Roman »Der junge Mann« des erfolgreichen Autors Botho Strauß. In: *F.A.Z.*, 1.12.1984.

Die Liebe und die Linken. Der Roman »Die unerträgliche Leichtigkeit des Seins« des Tschechen Milan Kundera. In: *F.A.Z.*, 15.12.1984.

Eine deutsch-deutsche Geschichte. Thorsten Becker, ein junger Autor aus West-Berlin. In: *F.A.Z.*, 9.11.1985.

Ein Germanist wird ermordet. Friedrich Dürrenmatts Roman »Justiz«. In: *F.A.Z.*, 30.11.1985.

Männlich. Ernst Schnabel ist tot. In: *F.A.Z.*, 27.1.1986.

Meisterin der Stille. Zum sechzigsten Geburtstag der Dichterin Elisabeth Borchers. In: *F.A.Z.*, 27.2.1986.

Der Ohrwurm des Feuilletons. Rede zur Verleihung des F.A.Z.-Preises für Literatur. In: *F.A.Z.*, 7.3.1986.

Unsere Welt in Geschichten. Zum sechzigsten Geburtstag von Siegfried Lenz. In: *F.A.Z.*, 17.3.1986.

Wahrheit ist noch zumutbar. Rede am Grab der Ingeborg Bachmann. In: *Die Weltwoche*, 10.7.1986.

Die Orgien des Philip Roth. Mit dem Roman »Anatomiestunde« und einem »Epilog« ist der Zuckerman-Zyklus abgeschlossen. In: *F.A.Z.*, 24.1.1987.

John Updikes menschliche Komödie. Sein Erzählband »Der verwaiste Swimmingpool«. In: *F.A.Z.*, 19.9.1987.

Darmstädter Torheiten. Polemische Anmerkungen aus aktuellem Anlaß. In: *F.A.Z.*, 27.10.1987.

Arnold Zweigs Wege und Irrwege. In: *F.A.Z.*, 12.11.1987.

Der Täter verzeiht den Opfern. Der Schriftstellerkongreß in Ost-Berlin. In: *F.A.Z.*, 30.11.1987.

Die Angst vor dem Schriftsteller. Zu Christoph Heins bemerkenswerter Rede. In: *F.A.Z.*, 9.12.1987.

Zwischen Gleichnis und Story. Wickis Film »Sansibar oder Der letzte Grund«. In: *F.A.Z.*, 12.12.1987.

Arthur Millers »Zeitkurven« – ein amerikanisches Welttheater. In: *F.A.Z.*, 16.1.1988.

Auf den Überholspuren des Lebens. Die Kurzgeschichten der Amerikanerin Jayne Anne Philipps. In: *F.A.Z.*, 27.2.1988.

Ort der Geschichte ist Warschau. Der Roman »Die schöne Frau Seidenman« des Polen Andrzej Szczypiorski. In: *F.A.Z.*, 19.3.1988.

Weigel ist Weigel. Zum achtzigsten Geburtstag des Wiener Feuilletonisten. In: *F.A.Z.*, 28.5.1988.

Werbesprache, Werbetexte und ihre Qualität. In: *Almanach zur Jahreshauptversammlung des Gesamtverbandes Werbeagenturen GWA.* Juni 1988.

Bechers Selbstzensur. Zur späten Abrechnung eines Kommunisten. In: *F.A.Z.*, 14.6.1988.

Widerstand. Friedenspreis für Lenz. In: *F.A.Z.*, 15.6.1988.

Die Liebe wird nicht müde, sie höret nimmer auf. Zu Prosabüchern der Amerikanerin Joyce Carol Oates, des Engländers John Berger und der Französin Marguerite Duras. In: *F.A.Z.*, 4.10.1988.

Anmut. Rede auf Christa Moog. In: *F.A.Z.*, 15.12.1988.

Arras ist überall. Andrzej Szczypiorskis Roman. In: *F.A.Z.*, 31.12.1988.

Der Traum vom Gegenleben. Ein reicher und reifer Roman des Amerikaners Philip Roth. In: *F.A.Z.*, 28.1.1989.

Hermann Burgers gesammelte Leiden. Sein letztes Buch »Brunsleben«. In: *F.A.Z.*, 19.8.1989.

Tohuwabohu. Dürrenmatts »Durcheinandertal«. In: *Die Zeit*, 10.11. 1989.

Einer von uns: Kurt Tucholsky. Aus Anlaß seines hundertsten Geburtstages. In: *F.A.Z.*, 27.1.1990.

Ein Berliner, ein Preuße, ein Deutscher. Laudatio auf Horst Krüger. In: *F.A.Z.*, 21.4.1990.

Leiden an Deutschland. Über Thomas Manns Tagebücher aus den Jahren 1946 bis 1948. In: *Der Spiegel*, 16.7.1990.

Gemeinsamkeiten. Über die Sprache in Werbung und Literatur. In: *Horizont*, 17.8.1990.

Im Fahnenrausch. Genauigkeit, Gelassenheit – Ludwig Harigs Erinnerungen. In: *F.A.Z.*, 22.9.1990.

Ein Ungetüm. Milan Kunderas Roman »Die Unsterblichkeit«. In: *F.A.Z.*, 8.12.1990.

Wie wir die Frauen lieben und den Tod fürchten. Anmerkungen zu Max Frisch. In: *Bühne*, Mai 1991.

Tauben im Gras. Zum 85. Geburtstag des Schriftstellers Wolfgang Koeppen. In: *F.A.Z.*, 22.6.1991.

Im Liebeskampf. Saul Bellows Novelle »Ein Diebstahl«. In: *F.A.Z.*, 22.6.1991.

Deutsche Mittellage. Günter de Bruyns Zwischenbilanz. In: *F.A.Z.*, 18.4.1992.

Thomas Manns letzte Liebe. Aus Anlaß seiner Tagebücher 1949–1950. In: *F.A.Z.*, 18.7.1992.

Sorgenkind auf dem Olymp. Hermann Burgers Spielzeug im Schweizerischen Literaturarchiv. In: *F.A.Z.*, 3.8.1992.

Sag mir, wo die Blumen sind. John Updikes Roman »Rabbit in Ruhe«. In: *F.A.Z.*, 7.11.1992.

Der leidende Genießer. Der Roman »Täuschung« von Philip Roth. In: *F.A.Z.*, 13.3.1993.

Der Billardmörder. Christoph Heins »Napoleon-Spiel«. In: *F.A.Z.*, 10.4.1993.

Die Meistersinger von Nürnberg. Anmerkungen zu einer deutschen Fest-oper. In: *F.A.Z.*, 19.6.1993.

Vom Trotz getrieben, vom Stil beglaubigt. Rede auf Ruth Klüger. In: *F.A.Z.*, 16.10.1993.

Nur der Tod und der Sex. Über Georg Hensels Bericht »Glück gehabt«. In: *Der Spiegel*, 7.2.1994.

Tante Christa, Mutter Wolfen. Über Christa Wolfs Buch »Auf dem Weg nach Tabou«. In: *Der Spiegel*, 4.4.1994.

Guter Grass, böse Kritik. Polemik aus gegebenem Anlaß. In: *F.A.Z.*, 13.5.1994.

Verdammtes Glück, verfluchtes Leben. Über Richard Ford, aus Anlaß der Novelle »Der Frauenheld«. In: *F.A.Z.*, 21.5.1994.

Noten zu Theodor W. Adorno. Schadenfreude. In: *F.A.Z.*, 6.8.1994.

Eine andere Lolita. Gabriel García Márquez erzählt »Von der Liebe und anderen Dämonen«. In: *F.A.Z.*, 17.9.1994.

Wenn die Musik der Liebe Nahrung ist. »Der Virtuose« der Holländerin Margriet de Moor. In: *F.A.Z.*, 5.11.1994.

Geist der Unruhe. Zum 95. Geburtstag von Hermann Kesten, dem Freund der Poeten. In: *F.A.Z.*, 28.1.1995.

Schreibtisch, für alle gedeckt. Zum siebzigsten Geburtstag des Dichters Ernst Jandl. In *F.A.Z.*, 5.8.1995

... und es muß gesagt werden. Ein Brief von Marcel Reich-Ranicki an Günter Grass zu dessen Roman »Ein weites Feld«. In: *Der Spiegel*, 21.8.1995.

Die doppelte Optik der Kritik. Dankrede zur Verleihung des Ludwig Bör-ne-Preises für Essay, Kritik und Reportage. In: *F.A.Z.*, 11.11.1995.

»Bin ich am Ende?« Über den zehnten und letzten Band der Tagebücher Thomas Manns. In: *Der Spiegel*, 11.12.1995.

Der Liebe Fluch. Über Monika Marons Roman »Animal triste«. In: *Der Spiegel*, 12.2.1996.

Die trügerische Göttin. Eine Rede über die Beredsamkeit. In: *F.A.Z.*, 14.6.1996.

»Ich verneige mich«. Dem »Spiegel« zum Fünfzigsten. In: *Der Spiegel*, Son-derausgabe 1947–1997, Januar 1997.

5. Interviews, Diskussionsbeiträge, Briefe

Schriftsteller: Ja-Sager oder Nein-Sager? Das Hamburger Streitgespräch deutscher Autoren aus Ost und West. Herausgeber: Josef Müller-Marein und Theo Sommer. Hamburg 1961.

Maßstäbe und Möglichkeiten der Kritik zur Beurteilung der zeitgenössischen Literatur. Berliner Kritiker-Colloquium 1963. In: *Sprache im technischen Zeitalter.* Berlin, H. 9–10/1964.

Über die Legitimität des Erotischen in der Literatur und seine Gestaltung. Ein Interview. In: *Die Verfälschung der Erotik in der Literatur.* Gertenbach (Littera-Paperbacks Band 6) 1966.

In Sachen Rainer Maria Rilke und Thomas Mann. Berliner Kritiker-Colloquium 1965. In: *Sprache im technischen Zeitalter.* Berlin, Heft 17–18/ 1966.

Interview mit M.R.-R. In: *Spektrum des Geistes 70.* Ein Querschnitt durch das Literaturschaffen der Gegenwart. Herausgegeben von Hartfrid Voss. Ebenhausen 1969.

Briefe von und an Ludwig Marcuse. Herausgegeben und eingeleitet von Harold von Hofe. Zürich 1975.

Die Bedrohung der Literatur. In: *Zu den Grenzen der Freiheit.* Europäisches Forum Alpbach. Herausgegeben von Otto Molden. Wien 1977.

Die Realität in der Literatur – die Literatur in der Realität. In: *Die politische Meinung.* Zweimonatshefte für Fragen der Zeit. Sonderheft 1977.

Funktion, Möglichkeiten und Aufgaben der Literaturkritik. Gespräch mit M.R.-R. In: Klaus Konjetzky, *Was interessiert mich Goethes Geliebte?* Tendenziöse Gedanken und Gespräche über Literatur und Wirklichkeit. München 1977.

Fernsehen als verlängerter Arm der Verlagswerbung? In: *Das Buch im Fernsehen.* Schriftenreihe des Börsenvereins des Deutschen Buchhandels. Band 11, Frankfurt 1978.

Im Kreuzfeuer: Der Fernsehfilm »Holocaust«. Eine Nation ist betroffen. Herausgegeben von Peter Märthesheimer und Ivo Frenzel. Frankfurt/M. 1979.

Friedrich Torberg: *Pegasus im Joch.* Briefwechsel mit Verlegern und Redakteuren. Herausgegeben von David Axmann und Marietta Torberg. 1983.

Kein Leben ohne Lesen. Gespräch mit M.R.-R. In: Werner Höfer, *Spätlese, Echo der Jahre.* Düsseldorf 1983.

Interview. In: *Butzbacher Autoren-Interviews 3.* Herausgegeben von Hans-Joachim Müller. Darmstadt 1985.

Ein Genie der Formulierung – ein Patriot ohne Vaterland. Aus einem Gespräch über Börne. In: *Ludwig Börne 1786–1837.* Bearbeitet von Alfred Estermann. Frankfurt/M. 1986.

Die Öffentlichkeit der Literatur. Ein Gespräch mit M.R.-R. von Mira Beham. In: *Süddeutsche Zeitung*, 25.6.1986.

Die deutsche Sprache ist für ihn die eigentliche Heimat. Ein Gespräch mit Kirsten Voigt. Erster Teil: *Badisches Tagblatt*, 4.4.1987; zweiter Teil: *Badisches Tagblatt*, 11.4.1987.

M.R.-R. Der Kahlschläger. Interview von Roland Mischke. In: *Der Wiener*, Juni 1987.

Gespräch. In: *Das Land der großen Mitte.* Herausgegeben von Hans-Christian Huf. Düsseldorf 1989.

Haben die Dichter der DDR gesiegt oder versagt? Interview. In: *Bunte*, 30.11.1989.

Gerecht oder ungerecht – wer weiß das schon? Gespräch mit Paul F. Reitze. In: *Die Welt*, 1.6.1990.

Sie waren mitverantwortlich. In: *Süddeutsche Zeitung*, 25.6.1990.

Dürrenmatt. Der Tod des unversöhnlichen Dichters. In: *Bunte*, 19.12.1990.

Wieso bekam Frisch den Nobelpreis nicht? Interview von Robert Naef. In: *Sonntagsblick*, 7.4.1991.

Kultur: Überflüssig oder im Überfluß? Gespräch mit August Everding. In: *Der Wiesbadener*, Frühjahr 1991.

Klassiker inmitten der Gegenwart. Gespräch mit Erwin Leiser über Max Frisch. In: *Züriwoche*, 8.5.1991.

Gnadenloser Literaturpapst. Interview von Walter Wüllenweber. In: *Berliner Zeitung*, 25.5.1991.

Man hat mir vorgeworfen, ich sei ein Schulmeister. Interview von Roland Sonderegger. In: *Sonntags-Zeitung*, 26.5.1991.

Warum haben Sie Max Frisch enttäuscht? Interview von Roland Mischke. In: *Diners Club Magazin*, Nr. 8/91.

Literatur – ein Koffer mit doppeltem Boden. Interview von Renate Voigt. In: *Mitteldeutsche Zeitung* Nr. 35/1991.

Literarisches Duett im 6. Stock. Interview von Erich Maletzke. In: *Schleswig-Holsteinische Landeszeitung*, 16.11.1991.

Selbstinterview. In: *Literatur, Verständnis und Vermittlung.* Herausgegeben von Joseph A. Kruse, Monika Salmen, Klaus-Hinrich Roth. Düsseldorf 1991.

20 Fragen an Marcel Reich-Ranicki. Interview von Thomas Garms. In: *Playboy*, Februar 1992.

Und manchmal bin ich sogar höher gesprungen, als ich springen konnte. Interview von Kirsten Voigt. In: *Badisches Tagblatt*, 24.12.1992.

Interview von Pia Stein. Teil 1: Die Lust am Urteil. Teil 2: Die Kritik des Lebens. In: *Radiokultur*, Januar 1993 und Februar 1993.

Schulmeister und Entertainer in einem. Interview von Stephan Sattler. In: *Focus*, 22.2.1993.

Vorwürfe sind Komplimente. Interview. In: *Der Spiegel*, 24.5.1993.

Die Literatur der Weimarer Republik. Gespräch von Hermann Kurzke. In: *Die Kultur unseres Jahrhunderts 1918–1933.* Herausgegeben von Hilmar Hoffmann und Heinrich Klotz. Econ Verlag, Düsseldorf 1993.

Penthouse-Interview von Barbara Wilde und Paul Sahner. In: *Penthouse*, Oktober 1993.

Ein Interview mit dem Literaturkritiker Marcel Reich-Ranicki. Von Kirsten Voigt. Erster Teil: *Der begeisterte Analytiker und die Anwälte der Literatur.* Zweiter Teil: *Wer wahr sein will, muß Dinge auf die Spitze treiben, auf des Messers Schneide.* In: *Badisches Tagblatt*, 31.5.1994 und 4.6.1994.

Schämen tue ich mich nicht. Ein Interview von Stephan Sattler. In: *Focus*, 6.6.1994.

Ich bin nie ein parteitreuer Kritiker gewesen. Interview von Klara Obermüller. In: *Die Weltwoche*, 9.6.1994, *Rheinischer Merkur*, 17.6.1994, und *Berliner Morgenpost*, 18.6.1994.

Ja, ich habe daran geglaubt. Ein Gespräch von Ulrich Greiner. In: *Die Zeit*, 10.6.1994.

Mir soll der Mund verboten werden. Interview von Peter Michalzik. In: *Süddeutsche Zeitung*, 17.6.1994.

Alle zehn, zwanzig Jahre ist der Mensch ein anderer. Gespräch von Gisela Sonnenburg. In: *Neues Deutschland*, 29.6.1994.

Die kleine Fehlbarkeit des Literaturpapstes? Gespräch in: *Die Presse*, 16.8.1994.

. . . daß das eine starke Begabung war, eben nur nicht gezügelt, nicht diszipliniert. Aus einem Gespräch von Gabriele Kreis. In: *Too much. Das lange Leben des Rolf Dieter Brinkmann.* Herausgegeben von Gunter Geduldig und Marco Sagurna. Aachen 1994.

Literatur spotlight. In: *Stern* vom 29.9.1994, 20.10.1994.

Wer nichts kann, muß denunzieren. Interview über Geheimdienstarbeit, Enthüllungen und den Rechtsruck in Deutschland. In: *Abendzeitung*, München, 15./16.11.1994.

Außenseiter, Ruhestörer. Ein Gespräch mit M.R.-R. von Dominik Wichmann. In: *Süddeutsche Zeitung*, 22.2.1995.

Entweder eine Frau lesen oder ein Buch umarmen. Ein Gespräch mit M.R.-R. von Herlinde Koelbl. In: *Wochenpost*, 9.3.1995.

Hilde Spiel: Briefwechsel. Herausgegeben und annotiert von Hans A. Neunzig. München 1995.

Aus der Bilanz des Ruhestörers. Interview von Roland Mischke. In: *Das Magazin* und *Berner Zeitung*, 27.5.1995.

Es ist dabei viel Heuchelei. In: *Focus*, 11.9.1995.

Der Kritiker, ein ewiger Weltverbesserer? In: *Salzburger Nachrichten*, 28.9.1996.
Ich, ein Jude, bin der bessere Christ. In: *Schwäbisches Tagblatt*, 26.10.1996.
Gespräch Jürgen Miermeisters mit Marcel Reich-Ranicki. In: *Peter Huchel, Leben und Werk in Texten und Bildern.* Herausgegeben von Peter Walther. Insel Verlag, Frankfurt 1996.
Die Rolle der Kritik. In: *Friedrich Dürrenmatt, der Klassiker auf der Bühne.* Herausgegeben von Heinz Ludwig Arnold. Diogenes 1996.
Die Kritik ist naturgemäß in einer Art Opposition. In: *Deutschunterricht*, Heft 12, Berlin, Dezember 1996.
Never change a winning team. In: *Funk-Korrespondenz* Nr. 51, 20. 12. 1996.

6. Übersetzungen

Englisch:
Thomas Mann and his Family. London 1989.

Italienisch:
Scrittori delle due Germanie. Milano 1968.

Spanisch:
Thomas Mann y los suyos. Barcelona 1989.
Más que un poeta. Sobre Heinrich Böll. Valencia 1994.

Holländisch:
Thomas Mann en de zijnen. Amsterdam 1990.

7. Tondokumente

Sinn oder Unwert der Kritik? Ein Disput zwischen August Everding und Marcel Reich-Ranicki, CD Nr. 29901, MC Nr. 22952. TR-Verlagsunion, München 1990.
Kritikers Kummer – Kritikers Leid. Eine öffentliche Unterhaltung zwischen Joachim Kaiser und Marcel Reich-Ranicki. CD Nr. 28349, MC Nr. 28357. TR-Verlagsunion, München 1994.

8. Über Marcel Reich-Ranicki

Walter Jens: Aufklärung und Polemik. Laudatio aus Anlaß der Verleihung der Heine-Plakette. Heine-Jahrbuch 1977. Herausgegeben von Joseph A. Kruse. Hamburg 1977.

Literatur und Kritik. Aus Anlaß des 60. Geburtstages von Marcel Reich-Ranicki. Herausgegeben von Walter Jens. Stuttgart 1980.

Über Marcel Reich-Ranicki. Aufsätze und Kommentare. Herausgegeben von Jens Jessen. München 1985. Bio-bibliographisch ergänzte Neuausgabe: München 1990.

Betrifft Literatur. Über Marcel Reich-Ranicki. Herausgegeben von Peter Wapnewski. Stuttgart 1990.

Reden anläßlich der Geburtstagsfeier für Marcel Reich-Ranicki am 8. Juni 1990. Herausgegeben von der Frankfurter Allgemeinen Zeitung. Frankfurt/M. 1990.

Helmut Koopmann: Die Wissenschaft der Literatur ist ihre Kritik. Laudatio anläßlich der Verleihung der Ehrendoktorwürde durch die Philosophische Fakultät II der Universität Augsburg. In: *Schriften der Philosophischen Fakultäten der Universität Augsburg.* Sprach- und literaturwissenschaftliche Reihe. Herausgegeben von Helmut Koopmann und Henning Krauß. München 1992.

Thomas Anz: Eine Studie über den Erfolg. Laudatio auf Marcel Reich-Ranicki. In: *Kopfzeilen.* Bamberger Blätter zur Literaturkritik. Heft 5. Mai 1993.

Hansjakob Stehle: Ein Mann mit Eigenschaften – von Reich zu Ranicki. Reflexionen eines Freundes. In: *Europäische Rundschau* Nr. 4/1994.

Franz Josef Czernin: Marcel Reich-Ranicki. Eine Kritik. Göttingen 1995.

Lieber Marcel. Briefe an Reich-Ranicki. Herausgegeben von Jochen Hieber. Stuttgart 1995.

Zeittafel

1920
In Włocławek an der Weichsel (Polen) als Marcel Reich geboren (2. Juni) – als drittes Kind von David Reich, einem polnischen Juden, und von Helene Reich, geborene Auerbach, einer deutschen Jüdin. Die Eltern werden 1942 im Vernichtungslager Treblinka ermordet, der Bruder Alexander Herbert, Jahrgang 1911, 1943 im Zwangsarbeitslager Trawniki. Die Schwester Gerda, Jahrgang 1907, überlebt in England, wohin sie zusammen mit ihrem Mann (wenige Wochen vor Ausbruch des Zweiten Weltkrieges) aus Berlin geflohen war.

1927
Besuch der deutschsprachigen Volksschule in Włocławek.

1929
Übersiedlung nach Berlin. Besuch der Volksschule in Berlin-Charlottenburg, Witzlebenstraße.

1930
Werner-von-Siemens-Gymnasium, Berlin-Schöneberg.

1934
Mitgliedschaft im Jüdischen Pfadfinderbund Deutschlands (IPD).

1935
Fichte-Gymnasium, Berlin-Wilmersdorf.

1938
Abitur am Berliner Fichte-Gymnasium. Ablehnung des Immatrikulationsgesuches durch die Universität Berlin. Lehrling in der Firma Juan Casparius, Export, Berlin-Charlottenburg. Ende Oktober Verhaftung und Deportation nach Polen.

1939
Nach der Einnahme der Stadt Warschau durch die Wehrmacht Anstellung in der Jüdischen Gemeinde als deutscher Übersetzer.

1940
Die Jüdische Gemeinde wird in den »Judenrat« umgestaltet. Gründung des »jüdischen Wohnbezirks«. Leiter des Korrespondenz- und Übersetzungsbüros des Judenrats.

1941
Mitarbeiter des Ghetto-Untergrundarchivs (Ringelblum-Archiv).

1942
Am 22. Juli Beginn der Deportation aus dem Warschauer Ghetto. Heirat mit Teofila, geborene Langnas.

1943
Teilnahme an Widerstandsaktivitäten. Zusammen mit der Ehefrau Flucht aus dem Ghetto (Februar).

1944
Befreiung durch die Sowjetische Armee (September). Zusammen mit der Ehefrau freiwilliger Eintritt in die Polnische Armee. Einsatz bei der militärischen Postzensur (Oktober).

1945
Hauptamt für Kriegszensur in Warschau.

1946
Polnische Militärmission in Berlin (Januar bis April). Ab April im Polnischen Geheimdienst (Auslands-Nachrichtendienst). Beitritt zur Kommunistischen Partei Polens.

1947
Weiterhin im Auslands-Nachrichtendienst und zugleich im Außenministerium.

1948
Polnischer Vizekonsul in London (als Marcel Ranicki), später Konsul. Geburt des Sohnes Andrzej Alexander (30. Dezember).

1949
Abberufung aus London auf eigenen Wunsch (November). Rückkehr nach Warschau.

1950
Inhaftierung. Entlassung aus dem Auswärtigen Dienst und aus dem Geheimdienst. Ausschluß aus der Kommunistischen Partei (März). Anstellung beim Verlag des Verteidigungsministeriums als Lektor für deutsche Literatur.

1951
Erste Veröffentlichungen in der Warschauer Wochenzeitung *Nowa Kultura*.

1952
Freier Schriftsteller in Warschau. Beginn der regelmäßigen Zusammenarbeit mit der Monatszeitschrift *Twórczość*.

1953
Generelles Publikationsverbot ab März.

1954
Aufhebung des Publikationsverbots (Oktober).

1955
Aus der Geschichte der deutschen Literatur 1871–1954 (in polnischer Sprache).

1956
Erster Besuch in der DDR (Mai). Teilnahme an der Internationalen Heine-Konferenz in Weimar (Oktober).

1957
Die Epik der Anna Seghers (in polnischer Sprache). Erster Besuch in der Bundesrepublik.

1958
Reise in die Bundesrepublik (Juli) zu »Studienzwecken«. Ständiger Wohnsitz: Frankfurt/M. Name jetzt: Marcel Reich-Ranicki. Beginn der Zusammenarbeit mit der *Frankfurter Allgemeinen Zeitung*, der *Welt* und mehreren Rundfunksendern. Erstmalige Teilnahme an einer Tagung der »Gruppe 47«.

1959
Umzug nach Hamburg.

1960
Ab Januar ständiger Mitarbeiter der *Zeit* (bis Ende 1973). Anthologie *Auch dort erzählt Deutschland* (erste westdeutsche Sammlung der Prosa von DDR-Autoren).

1962
Anthologie *Sechzehn Polnische Erzähler*.

1963
Deutsche Literatur in West und Ost.

1964
Zusammen mit Hans Mayer Rundfunk-Serie »Das literarische Kaffeehaus« (bis 1967).

1965
Literarisches Leben in Deutschland. – Mitarbeiter der *Encyclopaedia Britannica* (bis 1972).

1966
Wer schreibt, provoziert.

1967
Literatur der kleinen Schritte.

1968
Gastprofessur an der Washington University in St. Louis (USA).

1969
Gastprofessor am Middlebury College (USA).

1970
Lauter Verrisse.

1971
Ständiger Gastprofessor für Neue Deutsche Literatur an den Universitäten Stockholm und Uppsala (bis 1975).

1972
Ehrendoktor der Universität Uppsala. Vortragsreise nach Australien und Neuseeland.

1973
Über Ruhestörer. Juden in der deutschen Literatur. – Lehrauftrag für Literaturkritik an der Universität Köln. Umzug nach Frankfurt. Leiter in der *Frankfurter Allgemeinen Zeitung* der Redaktion für Literatur und literarisches Leben (bis Ende 1988).

1974
Honorarprofessor an der Universität Tübingen. Start der wöchentlichen FAZ-Rubrik *Frankfurter Anthologie*; bis heute deren verantwortlicher Redakteur. Buchausgabe bisher 20 Bände.

1976
Heine-Plakette.

1977
Nachprüfung. Aufsätze über deutsche Schriftsteller von gestern. – Mitinitiator des Klagenfurter Wettbewerbs um den Ingeborg-Bachmann-Preis (Sprecher der Jury bis 1986).

1979
Entgegnung. Zur deutschen Literatur der siebziger Jahre. Vortragsreise nach China.

1981
Ricarda Huch-Preis. – Edition: *Wolfgang Koeppen: Die elenden Skribenten.*

1982
Sammelband: *Meine Schulzeit im Dritten Reich.*

1983
Edition: Alfred Polgar, *Kleine Schriften* (6 Bände – erschienen bis 1986). – Wilhelm Heinse-Medaille der Akademie der Wissenschaften und der Literatur in Mainz.

1984
Zweiteiliges Fernseh-Gespräch als *Zeuge des Jahrhunderts*. Interviewer: Joachim Fest. Goethe-Plakette der Stadt Frankfurt am Main.

1985
Lauter Lobreden.

1986
Mehr als ein Dichter. Über Heinrich Böll. – Edition: Wolfgang Koeppen, *Gesammelte Werke.* 6 Bände.

1987
Thomas Mann und die Seinen. – Thomas Mann-Preis.

1988
Start des »Literarischen Quartetts« im Zweiten Deutschen Fernsehen.

1989
»Bambi«-Kulturpreis. Dreibändige Sammlung: *Romane von gestern – heute gelesen* (erschienen bis 1990).

1990
Thomas Bernhard.

1991
Max Frisch. – *Ohne Rabatt. Über Literatur aus der DDR.* – Heinrich Hertz-Gastprofessur an der Universität Karlsruhe. Bayerischer Fernsehpreis.

1992
Günter Grass. – Ehrendoktorwürde der Universitäten Augsburg und Bamberg. – *Der doppelte Boden.* Ein Gespräch mit Peter von Matt.

1993
Titelfigur beim »Spiegel (Titelseite: »Der Verreißer«).

1994
Die Anwälte der Literatur. – *Martin Walser.* – Sommerdebatte in deutschen Zeitungen über die Tätigkeit des Kritikers im polnischen

Geheimdienst vor rund 50 Jahren. – *Rede über das eigene Land* (November).

1995
Ludwig Börne-Preis. – *Vladimir Nabokov.*

1996
Cicero-Rednerpreis. – *Drei Reden. – Ungeheuer oben.* Über Bertolt Brecht. – *Wolfgang Koeppen.*

1997
Rede auf dem Neujahrsempfang der Stadt Frankfurt am Main im Kaisersaal des Römers. – Ehrendoktorwürde der Heinrich-Heine-Universität Düsseldorf. – *Der Fall Heine.*

Nachweise und Danksagungen

Dem »Spiegel«-Verlag ist für die Erlaubnis zu danken, die aus der Titelgeschichte des »Spiegel« (4. Oktober 1993) stammenden Textteile und Interviewpassagen sowie das zweite »Spiegel«-Interview (20. Juni 1994) übernehmen zu dürfen. Der »Spiegel«-Korrespondent in Warschau, Andreas Lorenz, hat manches Detail beigetragen. Und schließlich ist Marcel Reich-Ranicki Dank abzustatten, der auf viele Nachfragen stets sorgsam, wenn auch gelegentlich leicht unwirsch reagierte.

Register

Abusch, Alexander, 67
Adenauer, Konrad, 54
Adler, H. G., 171
Andersch, Alfred, 65, 78, 80, 108
Arnold, Heinz Ludwig, 74

Bachmann, Ingeborg, 78, 80
Balzac, Honoré de, 26
Baumgart, Reinhard, 85, 95, 103
Becher, Johannes R., 54, 58, 60, 63
Becker, Jurek, 142
Beckett, Samuel, 121
Beethoven, Ludwig van, 27ff., 34, 140
Benjamin, Walter, 117, 177
Bernhard, Thomas, 78, 120, 128, 138, 185, 187
Bienek, Horst, 66
Biermann, Wolf, 136
Blöcker, Günter, 74, 95
Boehm, Gerda (geb. Reich, Schwester), 39
Böll, Heinrich, 65, 78, 80, 82ff., 92, 95, 127f., 137f., 177, 181f.
Börne, Ludwig, 117, 180
Born, Paula, 45, 47
Brecht, Bertolt, 54f., 58, 60, 63f., 105, 108, 131, 134, 140, 174ff., 178, 181, 194
Bredel, Willi, 48, 54, 58, 60f., 63, 79f., 82, 124
Brinkmann, Rolf Dieter, 78
Büchner, Georg, 105, 199
Burger, Hermann, 113, 120, 187
Busche, Jürgen, 142, 153f.

Canetti, Elias, 78, 137
Celan, Paul, 105, 178
Celibidache, Sergiu, 197
Chopin, Frédéric, 34
Claudius, Eduard, 61, 80, 82

Demetz, Peter, 142
Doderer, Heimito von, 180
Döblin, Alfred, 54, 147
Dostojewski, Fjodor, 34
Dürrenmatt, Friedrich, 80, 187
Dvořák, Antonín, 27

Eich, Günter, 78
Enzensberger, Hans Magnus, 95, 146

Faulkner, William, 121
Fest, Joachim, 41, 87f., 134, 151
Feuchtwanger, Lion, 24
Fichte, Hubert, 100, 113
Filbinger, Hans, 93
Fischer, Ernst, 76
Fontane, Theodor, 57, 105, 117f., 134, 180
Freud, Sigmund, 59
Fried, Erich, 95, 179
Frisch, Max, 17, 65, 78, 80, 108, 123, 127, 134f., 166, 183, 187
Fuchsberger, Joachim, 147
Fühmann, Franz, 79f.
Furtwängler, Wilhelm, 202

Gaiser, Gerd, 80, 82ff., 182
George, Stefan, 105
Globke, Hans, 54
Goethe, Johann Wolfgang von, 28, 105, 117, 126, 170, 175, 178, 184f.
Gomulka, Wladyslaw, 70
Gottschalk, Thomas, 147
Grabowska, Agnieszka, 53
Grass, Günter, 71f., 78, 80, 96, 99f., 127, 138, 150, 179, 182, 186
Greene, Graham, 183

Hahn, Ulla, 95f.
Hamm, Peter, 85
Handke, Peter, 97ff., 107f., 126ff., 137, 187
Haslinger, Josef, 141
Hauptmann, Gerhart, 57
Haydn, Franz Josef, 27

Heimann, Moritz, 96, 117
Heine, Heinrich, 28, 5, 117, 160, 180, 184, 199
Heißenbüttel, Helmut, 114
Helling, Reinhard, 138
Henscheid, Eckhard, 103
Hermlin, Stephan, 79f.
Hettche, Thomas, 144
Hieber, Jochen, 142
Hitler, Adolf, 25, 33, 54, 172, 195
Hochhuth, Rolf, 154
Hölderlin, Friedrich, 105f., 178
Höllerer, Walter, 76
Huchel, Peter, 63f., 79

Jacobsohn, Siegfried, 117
Jahn, Hans Henny, 114
Jens, Tilman, 152ff.
Jens, Walter, 76, 84, 95, 134f., 153
Johnson, Uwe, 78, 80, 105f.
Joyce, James, 121f.
Jünger, Ernst, 54

Kästner, Erich, 28, 178
Kafka, Franz, 58, 115, 120, 124
Kaiser, Joachim, 76, 142
Kant, Hermann, 85, 137, 155, 205
Karasek, Hellmuth, 142, 154
Kempowski, Walter, 109, 114
Kerr, Alfred, 117, 134, 177, 187
Kirsch, Sarah, 184, 187
Kisch, Egon Erwin, 24, 48
Kleist, Heinrich von, 24, 105
Klopstock, Friedrich Gottlieb, 105
Klüger, Ruth, 141
Kluge, Alexander, 78
Koeppen, Wolfgang, 65f., 78, 110f., 138f., 146, 182, 186
Kraus, Karl, 104, 177
Kroetz, Franz Xaver, 95, 187
Krüger, Michael, 155
Kundera, Milan, 137
Kunert, Günter, 137

Lec, Stanislaw Jerzy, 42, 193
Lenz, Siegfried, 65, 80, 134, 154, 176, 227
Leonhard, Rudolf Walter, 178
Lessing, Gotthold Ephraim, 24, 105, 116, 118, 170, 199
Lettau, Reinhard, 137
Löffler, Sigrid, 142
Luft, Friedrich, 104, 117
Lukács, Georg, 67

Maiwald, Peter, 95f.
Mann, Heinrich, 24, 57, 60, 105
Mann, Thomas, 24, 57, 59f.
Marchwitza, Hans, 54, 58, 60, 67f.
Mark, Bernard, 30
Matt, Peter von, 70, 105, 142, 167
Mayer, Hans, 67, 76, 134
Meyer, Martin, 119f.
Milosz, Czeslaw, 42
Morgenstern, Christian, 178
Mozart, Wolfgang Amadeus, 27
Muschg, Adolf, 97, 134

Nabokov, Vladimir, 138, 183
Nestroy, Johann Nepomuk, 24
Nicolai, Friedrich, 116
Nietzsche, Friedrich, 158f.
Nooteboom, Cees, 141, 183
Nossack, Hans Erich, 78, 80
Nowakowski, Tadeusz, 79

Oates, Joyce Carol, 137

Paczkowski, Andrzej, 202
Polgar, Alfred, 116, 177
Proust, Marcel, 122

Raddatz, Fritz J., 134
Rajk, László, 43
Ramseger, Georg, 176
Reich, Alexander Herbert (Bruder), 128

Reich, Andrzej (heute Andrew, Sohn), 41
Reich, David (Vater), 15, 128
Reich, Helene (Mutter), 15, 128
Reich, Teofila (geb. Langnas, Ehefrau), 28, 32, 129
Remarque, Erich Maria, 59, 65, 105f., 108, 117, 120, 124, 126, 134, 138, 147, 176, 181, 185
Renn, Ludwig, 79f.
Rilke, Rainer Maria, 58, 105
Rilla, Paul, 67
Ringelnatz, Joachim, 178
Rühmkorf, Peter, 95
Runge, Erika, 95

Sarraute, Nathalie, 121
Schdanow, Andrej, 67
Schiller, Friedrich, 24
Schirrmacher, Frank, 187
Schlegel, Friedrich, 117f., 132, 180
Schnitzler, Arthur, 24
Schubert, Franz, 27
Schütte, Wolfram, 103
Schwab-Felisch, Hans, 70
Seghers, Anna, 46, 53ff., 58, 60f., 64, 80, 138
Shakespeare, William, 24, 34, 175
Shaw, George Bernard, 26
Sichtermann, Barbara, 144
Sieburg, Friedrich, 13f., 74, 79, 87, 117
Simmel, Johannes Mario, 167f.
Stalin, Josiff, 172, 195
Starzynski, Krzystof, 199
Stehle, Hansjakob, 13
Strauß, Botho, 107f., 120, 127, 187
Strittmatter, Erwin, 79f.
Szczypiorski, Andrzej, 155, 198, 203f.

Tatar, Stanislaw, 201
Tito, 173
Trakl, Georg, 105
Tschaikowski, Peter Iljitsch, 27
Tucholsky, Kurt, 24, 58, 117, 177, 180

Tycner, Janusz, 46, 69f.

Uhse, Bodo, 48, 54, 61, 64, 80, 82
Ulbricht, Walter, 195
Updike, John, 100, 103, 119f., 125f., 183

Wagner, Richard, 25, 116
Walser, Martin, 65, 70, 80, 92, 94ff., 100ff., 114, 117, 125, 127, 138, 146,
    155, 169, 186
Walther von der Vogelweide, 184
Wassermann, Jakob, 58
Weigel, Helene, 174
Weinert, Erich, 54, 58, 60, 62f.
Weiss, Peter, 95
Werfel, Franz, 24
Wohmann, Gabriele, 78
Wolf, Christa, 106, 150f., 156, 183, 185
Wolf, Markus, 70
Wolf, Ror, 114

Zimmer, Dieter E., 179
Zweig, Arnold, 24, 54f., 58, 60, 79f., 138
Zweig, Stefan, 24, 59

Volker Hage

Alles erfunden

Porträts deutscher und amerikanischer Autoren
dtv 19032

Wenn uns ein Autor gefangen hat, entwickeln wir, die Leser, häufig eine gewaltige Neugier, mehr über ihn zu erfahren. Im Zentrum dieser Porträtsammlung steht »der Schriftsteller, der einzelne mit seinen Geschichten: jenen, die er in Büchern erfindet, und jenen, die er über sich und sein Leben erzählt. Und immer wieder ist die Frage, wie das eine mit dem anderen zusammenhängt.« Begegnungen des heutigen ›Spiegel‹-Redakteurs mit Günther Anders, Jurek Becker, Wolf Biermann, Harold Brodkey, Richard Ford, Max Frisch, Joseph Heller, John Irving, Ernst Jandl, Wolfgang Koeppen, Joyce Carol Oates, Philip Roth, Gerold Späth, Botho Strauß, John Updike, Martin Walser – Begegnungen, die uns manches besser verstehen lassen und unsere Bekanntschaft mit dem Autor vertiefen.

»Es ist ihm gelungen, ausnahmslos interessante Autoren zu befragen, darunter auch solche (Philip Roth, Botho Strauß), die für gewöhnlich keine Interviews geben, und er hat eine vertrauensvolle Atmosphäre schaffen können, in denen sie gern erzählen möchten: von sich und ihren Büchern.«
Süddeutsche Zeitung

»Seine Porträts erzählen Geschichten, sind also schon wieder Literatur.«
Norddeutscher Rundfunk

»Leicht und unkompliziert formuliert, zeichnen sich lebendige Ansichten ab, die durch ausführliche Werkzitate ergänzt werden.«
Rheinischer Merkur

dtv

Marcel Reich-Ranicki im dtv

»Man hat mir früher vorgeworfen, ich sei ein Schulmeister.
Man wirft mir heute vor, ich sei ein Entertainer.
Beides zusammen ist genau das, was ich sein will.«
Marcel Reich-Ranicki

Entgegnung
Zur deutschen Literatur
der siebziger Jahre
dtv 10018

**Deutsche Literatur in
West und Ost**
dtv 10414

Nachprüfung
Aufsätze über deutsche
Schriftsteller von gestern
dtv 11211

**Literatur der kleinen
Schritte**
Deutsche Schriftsteller in
den sechziger Jahren
dtv 11464

Lauter Verrisse
dtv 11578

Lauter Lobreden
dtv 11618

Über Ruhestörer
Juden in der deutschen
Literatur
dtv 11677

Ohne Rabatt
Über Literatur aus der
DDR
dtv 11744

Mehr als ein Dichter
Über Heinrich Böll
dtv 11907

**Die Anwälte der
Literatur**
dtv 12185

**Meine Schulzeit im
Dritten Reich**
Erinnerungen deutscher
Schriftsteller
dtv 12365

Jens Jessen (Hrsg.)
**Über
Marcel Reich-Ranicki**
Aufsätze und
Kommentare · dtv 10415

Peter Wapnewski (Hrsg.)
Betrifft Literatur
Über Marcel Reich-
Ranicki · dtv 12016

Volker Hage,
Mathias Schreiber
Marcel Reich-Ranicki
Ein biographisches Porträt
dtv 12426

Ruth Klüger im dtv

»Jeder Tag ist wie ein Tor, das sich hinter mir schließt
und mich ausstößt.«
Ruth Klüger

weiter leben
Eine Jugend
dtv 12261 und dtv großdruck 25106

»Mir ist keine vergleichbare Biographie bekannt, in der mit
solcher kritischen Offenheit und mit einer dichterisch zu
nennenden Subtilität auch die Nuancen extremer Gefühle
vergegenwärtigt werden.« (Paul Michael Lützeler in der
›Neuen Zürcher Zeitung‹)

Frauen lesen anders
Essays · dtv 12276

Frauen lesen anders als Männer, weil sie anders leben. Daher
kann der weibliche Blick, in der Literatur wie im Leben, manches entdecken, woran der männliche vorübersieht. Ruth
Klüger beweist dies in elf ebenso ungewöhnlichen wie klu-
gen Essays. Deutsche Literatur in anderer Beleuchtung.

Katastrophen
Essays · dtv 12364

»Ein sehr empfehlenswertes Buch, es sollte, muß aber nicht,
im Anschluß an ›weiter leben‹ gelesen werden, und es spricht
nicht nur zu den Fachwissenschaftlern, sondern zu allen, die,
und vollkommen zu Recht, von der Literatur Aufschluß über
die Katastrophen der Gegenwart erhoffen.« (Burkhard Spin-
nen in der ›Frankfurter Allgemeinen Zeitung‹)

»Ruth Klüger stellt ganz einfach andere Fragen an Texte,
eine Methode, die zu ebenso plausiblen wie spannenden
Antworten führt, manchmal auch zu süffisant amüsanten.«
Barbara von Becker in der ›Süddeutschen Zeitung‹